ASFALTATA CON LO STESSO PENNELLO

Uno sguardo a come le persone sono trattate in base alle loro preferenze musicali

Colleen Sedgwick Scienze Sociali e Bachelor of Arts (Sociologia), l'Università

del New England
(Armidale, Nuovo Galles del Sud, Australia)

Sedgie Art

Immagine: 1 2019 (c) Colleen Sedgwick - Avviso di copyright

INFORMAZIONI SULL'AUTORE

COLLEEN SEDGWICK

Lavoratrice postale australiana, studentessa professionista, aspirante accademica, artista, fumettista e illustratrice, Colleen Sedgwick si sforza per sempre e cerca di migliorare il suo mestiere.

Aveva conseguito una doppia laurea in Scienze Sociali e Bachelor of Arts (Majoring in Sociologia) presso l'Università del New England (ad Armidale, Nuovo Galles del Sud, Australia).

Mentre le piaceva disegnare, dipingere e le altre arti visive, non ha preso il suo mestiere abbastanza sul serio fino al 2010, quando ha decluttering la sua casa. Ha poi avuto un'epifania, ha riscoperto molte delle sue opere d'arte perdute, e ha deciso di studiare Cartooning e Illustration attraverso Open Colleges Australia.

Ha conseguito un Diploma in Graphic Design nel 2017, attraverso lo stesso college, in collaborazione con il North Coast College of Technical and Further Education, a Lismore.

Immagine: 2 2019 (c) Colleen Sedgwick (me)

INFORMAZIONI SU QUESTO LIBRO

Congratulazioni per l'acquisto di questo libro, sia tramite copia cartacea (stampa) o elettronicamente (tramite un e-book o e-pub). Il vostro acquisto andrà verso le opere future e le spese sostenute attraverso la mia formazionee formazione; i materiali e gli strumenti utilizzati per produiree, distrizzie vendere questo libroe per il lavoro futuro svolto da Yours Truly.

Nel 2006, ho fatto una tesi intitolata 'Warning, Strong Language - A Comparison of Lyrical Content in Heavy Metal and Rap Lyrics. L'ipotesi era che ci fosse una forte correlazione tra alcuni generi musicali come il rap e l'heavy metal, contenuti lirici che denotano vari temi e contengono alcuni tipi di linguaggio, e le probabili implicazioni associate a questi fenomeni. Queste implicazioni possono includere il comportamento dei fan di alcuni generi musicali, le probabili conseguenze per tale comportamento e le future "possibilità di vita" che si hanno come un particolare fan della musica.

Tuttavia, questo non sarebbe sempre stato il titolo della mia tesi: il titolo originale sarebbe stato 'E giustizia per tutti: uno sguardo a come le persone vengono trattate in base alle loro preferenze musicali'. Mi sarei concentrato esclusivamente sull'Heavy Metal. Questa sarebbe la mia ipotesi:

> I media hanno stereotipato negativamente la musica pesante; con conseguente stigmatizzazione ed emarginazione di bande e fan; e l'esclusione dalle istituzioni tradizionali. Questa emarginazione è rafforzata attraverso le autorità (religiose o meno) e la comunità scientifica sociale, ha guidato la musica 'underground', e ha fatto rivoltare i fan contro le istituzioni tradizionali.

Poi cambierei il titolo in 'I Love it Loud – A Comparison of the Heavy Metal and Rave Scenes', dove confronterei la scena Metal con la scena Rave (o Techno). Ecco la mia ipotesi per questo saggio:

> "A causa dei sentimenti condivisi di ostracismo e del fallimento dei media e dei media mainstream per riprodurre o rifornire la loro musica preferita, i fan degli Heavy Metal hanno sviluppato un senso di comunità tra loro e tra loro e tra loro e le band, diventando così protettivi su quella musica. In altre parole, siamo "noi e loro". Per i fan, l'Heavy Metal è la loro "fede" e devono "difenderla dai non credenti". Sono sorte quattro domande: come si fa questo "noi" a costruirci? In cosa consiste questo "noi"? Come si sostenuta? E come si confronta con altre comunità in base alle preferenze musicali, come la comunità Dance per esempio?

Stavo anche per fare questo in uno studio qualitativo, dove avrei condotto un sondaggio, ottenere risposte e raccogliere questo in una tesi. Tuttavia, i limiti di tempo non mi hanno permesso di raccogliere abbastanza risposte da altre persone (che fossero fan di heavy metal o meno).

Pertanto, ho dovuto cambiare le mie tattiche, raccogliendo dati da altre fonti, come le organizzazioni ARIA e AMRA e i siti web Dark Lyrics e Original Rap and Hip-hop Lyrics. Il saggio si è poi spostato da uno stile qualitativo a uno più "quantitativo", analizzando i dati grezzi esistenti e traendo conclusioni da esso.

Tempo permettendo, potrei aver confrontato più generi musicali e testi di canzoni, ma ho finito per spostare l'attenzione più verso la musica Heavy Metal e Rap. Rispetto ad altri generi musicali popolari, come country, disco o pop (soft rock), Metal e Rap avevano attirato più polemiche di questi generi. Ho anche dovuto amalgamare altri generi musicali 'pesanti' con Heavy Metal, come punk, grunge, industriale e così via, così come i 'sottogeneri' dell'heavy metal (nero, thrash, power metal, glam ecc); e il rap aveva anche molti sottogeneri diversi, che ho dovuto anche amalgamare.

Techno, d'altra parte, aveva attirato molte più polemiche rispetto ad altre musiche da ballo, nonostante il suo contenuto lirico limitato: i testi (se esistono) sono ripetitivi per natura e come è il ritmo (questo può includere Drum and Bass, Trance e Dubstep). Se c'è un "panico morale" da parte dei genitori, dei tutori e di altri autorità, di Techno e simili generi musicali dance, molte delle preoccupazioni sarebbero che si verificanoround the problems occurintorno ai problemiche si ve- rificano alle feste di danza, like l'assunzione di "droghe da festa".

Ho anche basato la maggior parte delle mie ricer- che sulla musica metal (o heavy) e rap intorno alla fine degli anni '90 e all'inizio degli anni 2000. Quindi, se hai già acquistato la prima edizione di questo libro, congratulazioni. È molto probabile che tu abbia acquistato un oggetto da collezione. Ha avuto un sacco di errori, come nessun numero di pagina, quindi probabilmente non sarà pro- dotto in serie a meno che un sacco di gente vuole acquistarlo. È tutta una questione di economia, marketing, offerta e domanda.

Quindi, se possiedi già l'edizione originale 'bare bones', ti piacerà questa altra. Ho incluso più 'campane e fischietti', tra cui grafica extra, numeri di pagina, più link a siti web utili e un sacco di altre cose.

La versione originale needed era anche piena di molti errori tipografici (come mi avevano fatto notare i miei professori universitari) e mi sono reso conto che aveva un vago titolo di lavoro che avrei potuto spiegare in modo più dettagliato. Per esempio, a quali "preferenze musicali" ci riferiamo esattamente? Quali stereotipi erano emersi da queste preferenze musicali, e come erano emersi? E il 'loro' a cui mi riferisco, riguarda come i particolari gruppi di persone che sono fan di certi generi musicali;e come vengono trattati secondo quegli stereotipi (questo è ciò che gli psicologi si riferiscono a come 'effetti di aspettativa').

O forse preferisci la versione più vecchia di questo libro, con il suo stile K.I.S.S (non la band, Kiss, ho paura; anche se sono sicuro che avranno una menzione). Tha semplificato, versione classica wa èun 'autoritratto' di giorni passati e da allora, le mie opinioni sono cambiate un po '. Sono molto più vecchio ora e un po 'di tempo era passato da quando ho fatto un sacco di ricerche su questo argomento, ed è stato unn tempo ancora più lungo da quando ero stato l'ultima volta a uni.

SOMMARIO

PARTE I

E La Mia Vita

È LA MIA VITA: LA

MIA STORIA DI VITA

Un errore che ho fatto con la prima edizione è che non ti ho detto cosa mi ha spinto a scrivere questo libro. Potresti aver letto nella sezione precedente che stavo facendo la mia tesi su questo argomento, ma non conosci i fattori che mi hanno fatto come metal, punk, hard rock ecc., ecc. (inserire il genere musicale o il sottogenere qui). Beh, lo scoprirai in questa sezione.

LA MUSICA È LA MIA VITA: I MIEI GIORNI 'PRE-METAL'

Non so se mi fosse sempre piaciuto il Metal, ma forse un po' di tempo, da qualche parte, devo aver sentito. Ricordo consapevolmente quanto segue:

Mia madre spesso ascoltala radio in cucina, spesso often switchpassa su 2UW nelle mattine scolastiche - questa era una stazione radio AM molto popolare qui in Australiaing all'epoca. Spesso pompano fuori i gloriosi successi degli anni '70 del tempo, e nei fine settimana, è stato un piacere ascoltare il programma Top 40 in quel periodo.

Oltre a mia madre che ascoltava 2UW, mio padre aveva un ottimo giradischi con un giradischidi alta qualità e bellissimi altoparlanti. Suonavano musica classica, colonne sonore di musical, vari artisti 'facili da ascoltare' come Roger Whittaker o

Robert Goulet, e (se si sentivano particolarmente generosi) vari dischi per bambini contenenti filastrocche, storie (simile ai 'libri audio' che esistono ora) e Canti di Natale. Per quanto riguarda i miei fratelli, sono entrambi più giovani di me: mio fratello era affascinato dall'idea di mettere un ago in un disco a causa di mio padre;mentre mia sorella (che amava ballare) molto probabilmente sognava di essere una ballerina come molte ragazze della sua età.

E non è stata solo la radio o il giradischi a giocare un po' di mano nel mio godimento della musica. Una parte di questo merito deve andare in televisione e nei film, che usano anche la musica per impostare il tono. Guardavo film Disney, cartoni animati Warner Brothers e Looney Tunes, e poi Australian Bandstand con Daryl Somers, Countdown con Molly Meldrum e Sounds Unlimited con Donnie Sutherland. Ricordo di aver visto il film Disney, Fantasia, con la sua perfetta combinazione di musica e motion graphics tra gli altri film che ha fatto. E (per quanto gli annunci mi infastidiscono) la pubblicità televisiva e radiofonica deve fare un ottimo lavoro se posso almeno sedermi e prendere nota, se quell'annuncio mi fa sorridere, o mi fa pregare i miei genitori di comprare un articolo reale (prodotto) per il mio compleanno o Natale.

Ricordo di aver visto i Beatles con i loro cartoni animati; e i Monkees e Partridge Family hanno avuto anche i loro spettacoli che mi hanno introdotto alle 'delizie' del rock e del pop degli anni '60.

Ricordo anche mia zia, che aveva un posto incantevole nella regione di Sutherland Shire, e il cui marito (che era dalla Germania di tutti i luoghi – ma più sui tedeschi anche più tardi) aveva un vero e proprio stereo 'stato dell'arte', ed entrambi mi hanno presentato le delizie di Status Quo, Boney M, Tina Turner e James Last.

Una cosa che non ricordo consapevolmente, tuttavia, è che mio cugino (che fino a poco tempo fa era un ingegnere audio) mi ha permesso di ascoltare i Led zeppelin attraverso i suoi auricolari. Devo essere stato solo un bambino al momento, ma mi ricordo mia nonna (paterna) e mio zio (fratello del padre) mi ha detto questo molto più tardi.

Deve aver avuto una notevole influenza su come mi era piaciuto quello che la maggior parte delle altre persone avrebbe percepito come musica 'pericolosa' (Levitan, 2006: pagina interna): vorrei poi andare a godere di molti brani che la maggior parte delle persone non avrebbero altrimenti considerato se non avessero dato a quei brani un 'vortice' sui loro giradischi, lettori di cassette o lettori CD, li sentirò alla radio o attraverso i loro amici o coetanei a scuola (spesso quando qualcuno avrebbe 'osato' radio o lettore di cassette a scuola).

Ad ogni modo, parlando di radio e musica moderna, qui mi avventurò nell'adolescenza con tutta la sua musica 'pericolosa' e come l'avevo apprezzata in tutte le sue forme.

PRE-ADOLESCENZANCE: HIGH VOLTAGE ROCK'N'ROLL

Questo è dove band come Kiss, Queen e AC/DC ottengono una menzione - erano quelle band hard rock che non si adattavano rigorosamente allo stereotipo dell'heavy metal, ma tuttavia erano considerate "pericolose" da molte persone.

Erano pericolosi perché uno si avventurava in un territorio sconosciuto, lontano dalla 'sicura' Musica Top 40 come Abba e il Village People a qualcosa che era più probabile ricevere airplay su una stazione radio meno conosciuta. A quei tempi era l'ormai defunta stazione AM, 2JJ (Double Jay, che in seguito divenne la stazione FM, Triple J) e, in misura minore, 2SM e Triple M - il primo che suonava punk, post-punk ed elettronica oltre che heavy metal, e gli ultimi due suonano più hard rock 'mainstream'.

Molti musicisti e generi erano anche pericolosi a causa della loro immagine: Kiss (per ovvie ragioni, come la loro immagine e le buffonate sceniche), gli AC/DC (per il loro suono 'duro' e l'immagine del 'cattivo ragazzo', latto per Rose Tattoo and the Angels), band 'glam rock' come i Queen (molto 'avanguardia' per il loro tempo) e The Sweet, Slade o David Bowie (alcuni di loro non si adattavano abbastanza alla scatola 'cosa significa essere un uomo'), e numerose band punk (con i Sexs).

IMMAGINE PUBBLICA: IL CASO SPECIALE DI 'PUNK ROCK'

Qui è dove posso parlare dei Sex Pistols, Public Image Ltd (PIL in breve) e John Lydon (Johnny Rotten). Come Kiss, i Sex Pistols erano noti anche per le loro buffonate sul palco: parolacce (o, come gli americani lo chiamerebbero, imprecazioni), sputi, adottando mode che poche persone avrebbero osato all'epoca, e (soprattutto) i loro testi molto controversi.

Molte delle interviste che avevo ascoltato riguardo ai Sex Pistols (soprattutto quelle con John Lydon) avevano dimostrato di essere una delle prime 'rock star' che non aveva paura di chiamare "l'establishment" - che si trattassero della Regina, del Parlamento britannico, della Chiesa cattolica, del sistema educativo britannico e (soprattutto) delle "pop star" e delle celebrità, tra cui Jimmy Saville (Watson Watson), 2017c).

Le band punk dell'epoca erano considerate particolarmente pericolose perché non solo sfidavano le convenzioni, ma incoraggiavano le persone a ribellarsi in modi che potessero essere dannosi per la propria salute o per coloro che li circondavano: sputare (non igienico), indossare "vestiti sporchi" (anche se non necessariamente poco igienici, proiettava un'immagine che 'infastidiva' molti), prendendo droghe, facendo combattimento e praticamente 'impostando un cattivo esempio' per altri giovani.

Il punk rock all'epoca era la musica più "fuori" che si potesse pensare, in particolare l'onorevole Lydon con la sua schiettezza su molte questioni e continua a evitare i valori che l'establishment dice siano giusti e corretti. In un video su YouTube di Paul Joseph Watson (2017c) lo ha detto sulla Brexit (l'uscita della Gran Bretagna dall'Unione europea):

> "La classe operaia ha parlato(n), e io sono uno di loro e sono con loro".

Ha anche detto che Donald Trump era la 'pistola sessuale politica' circa 28 secondi nel video.

Just
my
2 CENTS

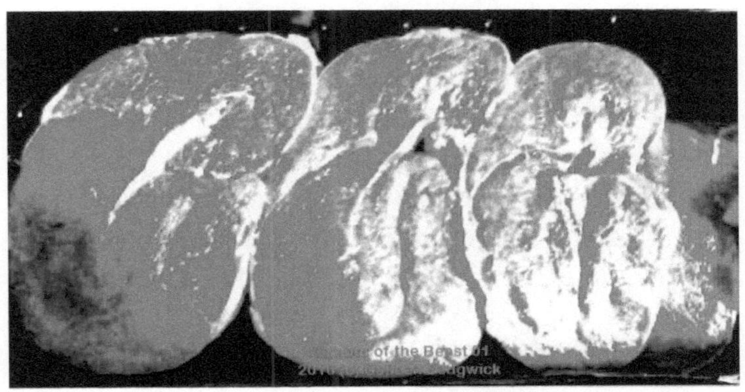

ADOLESCENZA: GLI DEI METALLICI E IL NUMERO DELLA BESTIA

È qui che ho sviluppato il mio interesse per una serie di band metal tra cui (e soprattutto) Judas Priest, Def Leppard, Iron Maiden e Motorhead, così 'cavalcando l'onda' del movimento NWOBHM (New Wave of British Heavy Metal). Parallelamente a questo movimento c'erano band in America come Van Halen e Motley Crue, dalla Germania (Accept, The Scorpions), Canada (Triumph, Anvil) e il nostro 'Aussie Metal' (Heaven, i Bengal Tigers e Axe Attack).

E purtroppo, con l'aumento (o la rinascita) della 'potente' musica heavy metal tecnicamente sofisticata è arrivato il 'panico satanico' – accuse di satanismo, sessismo, assunzione di droga e persino pedofilia, abusi domestici e stupri. Questi problemi non sono necessariamente limitati all'Heavy Metal – come parlerò più avanti, erano anche rivolti a qualsiasi tipo di musica che potesse rappresentare una minaccia per 'The Establishment' e che in realtà esistesse anche prima di qualsiasi musica rock o pop moderna (e probabilmente continuerà ad esistere in seguito – all'epoca, era Heavy Metal che era per lo più nella 'linea di fuoco'

Era anche un periodo in cui sono stato sottoposto a vari 'jibes' e nomi-chiamando: non ero solo un 'Westie', un 'Bogan', 'dumb' o un 'no-hoper' che avrebbe potuto essere 'sulla droga', ero ora presumibilmente un 'satanista', un 'Devil Worshipper', un 'slut' e un 'witch'). Dovevo (come direbbe Rob Halford), 'Difendere la fede' (Kirche e Stein, 1984): Heavy Metal era la 'fede' e le cose da 'difendere' includerla 'passare di moda' con altri giovani, soprattutto con i miei coetanei 'non metallici'; e dallo 'sgomento' dei miei genitori e insegnanti. Ma ora ho dovuto difendermi anche dalle nuove "allrezioni" del satanismo; e riconciliare il mio interesse per Metal e la mia fede cattolica preesistente. Oh, lo stress di tutto questo!!!

THRASH TO THE DEATH: OLTRE LA MIA ADOLESCENZA

Questo è dove ettengo nel territorio precedentemente inesplorato di Thrash Metal e altri generi più estremi. Per me, Thrash suonava come 'punk sugli steroidi' o 'Iron Maiden sugli steroidi'. In altre parole, aveva la velocità e la 'shoutiness' del punk con la raffinatezza tecnica delle moderne band heavy metal come Gli Iron Maiden e i Manowar, e un po' del 'devil worship' dei Black Sabbath.

ALL'INFERNOIL DIAVOLO: IL CASO SPECIALE DI CHRISTIAN METAL

Anche le bande cristiane e "non sataniche" sono state oggetto di un esame approfondito. Stryper fu accusato di usare il cristianesimo come una trovata pubblicitaria, e di ipocrisia dalla stampa. La brigata dei vigili del fuoco li accusò anche di essere "troppo sexy" con la loro immagine (Goldstein, 1987). Tuttavia, alcuni cristiani vedevano il bene e il male in tutte le forme di musica. Pat Metsiti, di Youth Alive ha chiesto, 'chi è per dire che Death Metal è più male di Paese e Occidentale? È il messaggio e l'immagine che è il problema' (Hall,1997).

Questo è stato un modo per conciliare cristiane-simo e heavy metal, non solo sapendo che esistevano gruppi Christian Metal e Rock, ma anche sapendo che non tutti i cristiani erano necessariamente contrari all'idea di gradire stili musicali "più pesanti". Non si tratta solo di musica gospel o di sedersi (o cantare insieme) alle melodie dirge-like suonate sull'organo nella chiesa parrocchiale locale quando avrei preferito cantare insieme a Stryper, Bloodgood, Messiah Prophet, Baron Cross o Barnabus.

BENVENUTI NEL MIO NIGHTMARE: EVENTI CHE MI AVEVANO PORTATO A SCRIVERE LA MIA TESI

Quando i miei gusti cambiavano e si adattavano per includere diversi generi musicali, spesso questo era al culmine di una sorta di 'panico morale', e durante la fine degli anni '80 e l'inizio degli anni '90, questo sarebbe stato all'apice del 'panico satanico' e dei suoi altri panico morale che circondavano qualsiasi altro tipo di musica moderna, ma in particolare quei generi all'estremità 'più pesante' dello spettro musicale. Questi generi includevano Grunge, Industrial, Gothic (o Dark Wave), e, soprattutto, Black e Death Metal.

Ho dovuto conciliare non solo essere un cristiano (o almeno da un background cristiano) con band di simpatia Black Metal come Impaled Nazarene o Dark Throne; o il più grande 'gender bender' al momento – Marilyn Manson; essendo una 'femminista' con band di gradimento come Bulldozer o Pungent Stench, che hanno testi sessisti (fa che mi rendono un misogino interiorizzato, come Christina Hoff-Summers [2016] avrebbe messo [vedi anche Albrechtsen et al, 2015]); o essere un "socialista" – qualcosa come sostenere l'adesione sindacale, o per la conservazione e l'ambiente – con simpatia NSBM (National Socialist Black Metal)?

I commenti snide che avevo sopportato durante gli anni '80 a volte si sono intensificati al di là delle chiamate di nome, le persone che ridacchiavano a me senza motivo apparente e scherzavano sul 'devil worship': mi sono state spesso poste molte domande personali sulla mia vita sessuale, la mia vita sociale, se ero o meno 'sotto la droga', se ero in 'bondage' e così via. È stato semplicemente inquietante!!!

Le risposte a queste domande spaziano da: 'Forse?', 'Preferisco non rispondere a questo', 'Non è davvero il tuo business', 'Non è uno dei tuoi affari sanguinosi' a 'Mind your f'king business'.

Ma ancora una volta, questo non era nulla in confronto a ciò che molte persone chiamano "molestie di strada". Includeva le osservazioni snide e altro ancora – (per lo più) ragazzi che fischiano i lupi e "chiamate di gatto" (urlando roba), anche urlando roba contro di me (e spesso dalla relativa sicurezza delle loro auto); spingendo e spingendo – spesso in luoghi pubblici affollati (questo si è verificato più da altre donne che da uomini); e 'crimini di faccia' (quella minacciosa espressione facciale che si ottiene da qualcuno che non ama il tuo aspetto).

Il peggiore di questi incidenti è stato quando, nel 2004, ero in un turno pomeridiano e quindi in attesa che l'autobus torna a casa a tarda notte. Un'auto passava, fuori è venuto una mano e un 'missile' (in questo caso, una bottiglia di birra di vetro) è venuto sfrecciando verso la mia gamba. Mentre evitavo un colpo diretto, la bottiglia ha colpito il suolo, frantumato in pezzi più piccoli e uno dei frammenti ha colpito il mio stinco.

Mentre ero sotto shock inizialmente, sono ancora salito sull'autobus e ho cercato di comportarsi come se non fosse successo niente. È stato quando sono 1000, quando ho fatto venire da me alcuni "testimoni", dicendomi che hanno visto cosa è successo, e mi hanno anche dato il numero di immatricolazione dell'auto dei colpevoli.

L'ho poi segnalato alla polizia e alla direzione sul posto di lavoro (nel caso in cui avrebbe influenzato le mie prestazioni, il mio benessere o la mia presenza). Ho detto alla polizia che ero preso di mira perché all'epoca indossavo una maglietta sassone. La loro risposta a questo è stata 'Sei sicuro?', a cui ho risposto, 'Non molti giovani che non amano Heavy Metal non piace quelli che lo fanno?' Non avevo intenzione di entrare in tutte le argomentazioni sul motivo per cui sono stato preso di mira (o perché non dovrei essere), soprattutto perché non avevo l'energia per giustificarmi o leggere in ciò che esattamente 'innescato' queste persone a fare una cosa del genere. Il mio unico "crimine" per quanto mi riguarda, era avere l'"aspetto sbagliato", essere "nel posto sbagliato, al momento sbagliato" e non seguire i "dettami" della moda.

Il lato positivo di questo è che sono andato via facile, rispetto a un sacco di altre persone - con queste persone essere vittima di bullismo più severamente a scuola, molestato in strada, minacciato di stupro e anche picchiato.

Uno dei peggiori casi documentati è stato quello di Sophie Lancaster (Travers, 2017), dove lei e il suo ragazzo sono stati indotte da una banda di giovani, e mentre il fidanzato è sopravvissuto, lei non l'ha fatto. Tla sua ha spinto un'inchiesta sulla possibilità di creare una nuova categoria di "crimine d'odio" e "incidenti di odio" nel Regno Unito, sulla base della propria sottocultura basata sullo stile di abbigliamento e sulle preferenze musicali. Un altro video (questa volta su Facebook) di James Sebastian Henot (2009) mostra un altro notiziario su un attacco fisico a un gruppo di goti.

Ho sentito parlare dei termini "omofobia", "transfobia", "xenofobia" e "islamofobia". Ora c'è l'"Alterofobia": Stephen Minton (2016) definisce questo come "pregiudizio diretto verso i membri di sotto-culture alternative" (ad esempio, goths, punk, emos, fan dell'heavy metal) (Minton, 2012). Oltre a Sophie Lancaster, Minton ha citato un altro esempio negli Stati Uniti, 10 anni prima nel 1997 - questo nome di questa persona era Brian Deneke, un ragazzo punk del Texas che è stato colpito da alcuni atleti.

È a causa del "sessismo" in Heavy Metal? Alcuni dei bullismo e molestie provenivano da persone (principalmente uomini) che potrebbero aver gradito l'heavy metal. Questo probabilmente contraddirà la narrazione 'femminista' di Metal sessista, ma la maggior parte degli "Headbangers" maschili che conosco personalmente non sono necessariamente sessisti o misogini nella vita reale, e non hanno problemi a distinguere tra fantasia e realtà.

Furthermore, la maggior parte di questo bullismo

e molestie è venuto dall'esterno - spesso da altri giovani che non capiscono quello che ora è diventato una scena musicale molto diversificata e sfumata (se si include la 'diversità di pensiero e di opinione' nel mix).

Potrebbe essere dovuto alla mascolinità tossica tra i maschi in generale? Una femminista potrebbe discutere così, soprattutto perché la maggior parte dei miei 'harassers' sono stati maschi e perché non sempre mi inseriscono nella scatola 'cosa significa essere una donna'. Ma questa narrazione può essere problematica anche: la maggior parte degli uomini (anche quelli che non amano l'heavy metal) non necessariamente stuprano, picchiano o molestano le donne (anche quelle donne che amano l'heavy metal). L'incidente di Sophie Lancaster indica che anche il ragazzo è stato picchiato, quindi non credo che l'intenzione sia necessariamente misogina.

Alcuni degli incidenti precedenti riguardavano altre donne (in particolare two durante la mia adolescenza, quando frequentavo due scuole superiori per tutte leragazze), ea volte, le donne sono più veloci a abbattersi l'unl'altra rispetto a ciò che gli uomini probabilmente fanno a loro. Alcunedi queste ragazze possono aver gradito il punk e il post-punk ma non il metal, ho coniato il termine "metallofobia" – chedescrive non solo la reazione avversa al modo in cui le band heavy metal sembrano e si vestono, e le preoccupazioni

circa la sua influenza sui fan, in particolare gli adolescenti : oltrealle accuse di battutada parte della
"destra religiosa",il "diritto religioso" avrebbean-
che sopportato accuse simili da parte dell'ormai
"politicamente corretto" (e altrettanto "puritano"

Nel Regno Unito, dopo l'omicidio di Sophie Lancaster, c'è stata una campagna per mettere fuori
legge la discriminazione e le molestie e il bullismo di persone provenienti da "sottoculture alternative" e per far registrare questi incidenti
come was "crimini d'odio" o "incidenti d'odio", a
seconda della gravità di ciò che avviene (Travers,
2017).

Nel frattempo, i "socialisti champagne" qui in Australia chiudere un occhio quando si tratta di "crimini d'odio" o "incidenti di odio" contro le stesse
sottoculture in questo "paese fortunato",mentre
predicano contro l'islamofobia, l'omofobia, il razzismo, il sessismo e persino la "transfobia". Sono
pronti a dire al resto di noi che è sbagliato to
criticare le persone di colore,o da una religione
diversa, o che parlano la propria lingua - non
importa quanto avverso il loro comportamento
potrebbe essere. Idem per le persone della "comunità" LGBTQ. Sono stato spesso accusato di
"pensare male" e non è il "diritto religioso" che ha
fatto l'accusa. Ma ancora una volta, più di questo più tardi. Ma la questione del perché non va
bene criticare le persone di colore e coloro che
sono 'queer', ma va comunque bene criticare i fan

degli Heavy Metal, Punks e Goths. Sicuramente, lo stesso principio dovrebbe valere anche per questi gruppi, così come è stato applicato ad altre comunità "svantaggiate" ed "emarginate" in passato.

Ecco perché la musica richiede spesso un approccio sfumato, sfaccettato e multidisciplinare quando si tratta di analizzarne il contenuto, e questo (a sua volta) ha suscitato il mio interesse per le scienze comportamentali e sociali, in particolare la sociologia, la psicologia e la politica. Ho bisogno di capire perché alcune persone come alcuni tipi di musica e non altri, e per capire cosa fare di problemi come le molestie e il bullismo di particolari sottoculture in modo che siano meno probabilità che si verifichino in futuro.

In ogni caso, penso che avete sentito abbastanza su di me, ora c'è qualcosa spero che vi piacerà davvero (citando da Rocky e Bullwinkle): i bit carnosi sulla base della mia ricerca per la mia tesi (che sono sicuro che si preferisce sentire).

PARTE II: BENVENUTI ALL'INFERNO

C'è davvero una correlazione diretta tra musica moderna e comportamento problematico?

BENVENUTI ALL'INFERNO

Da una catena di fast food, lo slogan sui pacchetti di pizza dice: "Dal paddock al piatto – I nostri prodotti sono 100% australiani". Se avessero letto solo la prima parte di tale affermazione (dal paddock al piatto) e non la seconda parte (che promette prodotti australiani al 100%), si sarebbe potuto erroneamente credere che una mucca potrebbe essere stata portata direttamente dalla fattoria al vostro tavolo da pranzo, o che i pomodori sarebbero stati portati a voi dopo essere stati prelevati dalla vite o il grano tirato fuori dal terreno.

Ma poi di nuovo, se si fosse in grado di leggere tra le righe, si saprebbe che gli animali vengono macellati e macellati (e bovini da latte munti prima che il latte viene trasformato in formaggio), verdure raccolte e trasformate, grano trasformato in farina e così via, prima che venga inviato al franchising locale, trasformato in una pizza e inviato a casa tua.

Ci si potrebbe chiedere, 'Come è rilevante per la musica Heavy Metal' (e tutti i suoi generi simili)?

Sappiamo tutti che la produzione di pizza non è strettamente rilevante per l'argomento in questione, un'analogia simile viene spesso applicata alla "Causa ed effetto" o ai legami spurie tra i generi musicali e i problemi comportamentali dei giovani.

Heavy Metal e Rap hanno attirato polemiche fin dagli anni '80, in particolare da gruppi conservatori come il Parents' Music Resource Centre, moral Majority e Young People against Heavy Metal T-shirts. Questi gruppi credevano che i testi di questi generi incitano al comportamento antisociale nei giovani – un argomento centrale anche per gli studi di scienziati sociali come Deyhle (1998) e Ballard e colleghi (1999). Quindi, hanno chiesto maggiori restrizioni sulla musica venduta (soprattutto ai minori); e un sistema di classificazione per le registrazioni audio con "contenuto discutibile" per portare adesivi che avvertono il consumatore di tale contenuto. Sia in Australia che negli Stati Uniti, Heavy Metal e Rap hanno portato più Warning Stickers rispetto ad altri generi.

La domanda è: Rap e Heavy Metal sono più offensivi; o alcuni membri del pubblico non amano questi generi e vogliono metterli a tacere? La risposta sta nel confronto di Heavy Metal e Rap; esaminando il legame tra i testi di Heavy Metal e Rap, il comportamento dei fan, la polemica (panico morale) sugli eventi passati, gli appelli alla censura e il modo in cui i fan sono trattati. Ho testato l'ipotesi confrontando i numeri dei livelli di classificazione (cioè adesivi di avvertimento) in Metal, Rap e Dance (basati sul sistema di classificazione australiano); e i diversi tipi di contenuto lirico in Heavy Metal e Rap (per testare gli stereotipi che circondano questi generi).

La definizione di Heavy metal o musica include la musica più forte, ad alto decibel; Phillip Bashe (1985) ha sostenuto che Steppenwolf ha coniato il termine quando hanno rilasciato 'Born to be Wild' nel 1968. Alla fine degli anni '70, descriveva le proprietà, i temi e le immagini della musica. I fan sono stati chiamati head-bangers, 'head-banging' essendo il 'costante tremare su e giù della testa al ritmo' (Bashe, 1985:5-6).

Deyhle (1998) ha sostenuto che la musica rap e la danza sono iniziate con i giovani afroamericani e portoricani negli Stati Uniti, come forma di competizione per sostituire o ridurre la guerra tra bande (Deyhle, 1998:10). Nei suoi studi sui giovani nativi americani, ha sostenuto che il rap era "una lotta per la giustizia all'interno della comunità" (Deyhle, 1998:10). L'analisi di Smitherman (1997) dei testi rap ha scoperto che erano immersi in una tradizione orale nera che coinvolgeva la semantica tonale, narrando, significando (significazione), le decine (o suonando le decine) e la sintassi africana. Secondo Smitherman (1997:4), l'idea dell'Hip Hop era destinata a "disturbare la pace" dell'America di "classe media", in quanto non c'è "pace" per la "sottoclasse" americana.

Sia gli appassionati di Heavy Metal che rap vedono la musica come un obiettivo per la loro vita, e i loro idoli come superare i loro problemi. Si potrebbe anche sostenere che qualsiasi genere di musica o intrattenimento che attira polemiche: che si tratti di musica punk, ska, reggae, anche jazz e country; potrebbe includere horror, fantascienza o thriller in TV e nei film; o una varietà folle di stili nelle arti visive. Questo mi porta anche al tema dei goti.

Allora, cos'è la musica "goth" e la scena "goth"? E come è iniziato? Il nome "goth" era in realtà basato su una tribù del Nord Europa chiamata "goths", che è stata poi utilizzata per nominare alcune forme d'arte che hanno avuto origine durante il Medioevo. Fu molto più tardi nel XIX secolo che emerse una forma di letteratura chiamata Steam Punk, e poi c'era una forma moderna di 'post punk' che includeva The Cure, Bauhaus e Sisters of Mercy; seguito da 'goth metal' e band industriali come Rammstein, Marilyn Manson, Tool, Ministry, Godflesh e Nine Inch Nails (Ted Ed, 2018).

I CURSE YOU

CAPITOLO UNO: PROSPETTIVE TEORICHE ED EVENTI PASSATI

Questa sezione include studi precedenti che confrontano Heavy Metal e Rap, sia tra loro che con altri generi (e con i loro fan). Alcuni della letteratura analizzano la questione da una prospettiva popolare contro alta cultura, ma la maggior parte di essa utilizza un panico morale o una prospettiva di paura della gioventù come base per l'analisi.

Due prospettive sono state utilizzate per esaminare le relazioni tra i testi, il comportamento, la censura e il trattamento dei fan: la prospettiva Moral Panic (per descrivere le reazioni dei gruppi di status superiore alle presunte "sbagliate" dei gruppi di status inferiore) e la prospettiva Popular versus High Culture (per esaminare perché, ad esempio, i generi highbrow come la musica classica sfuggono all'esame di Heavy Metal e Rap).

Le accuse di una cattiva influenza della musica sono state rivolte ad altri generi. Negli anni '50, l'emergere del rock and roll significava accuse di essere "sbagliato" o "inappropriato", secondo Baddely (2002), Hall (1997) e Sternheimer (2003). Baddely (2002) ha citato le seguenti band e artisti accusati: Screamin' Jay Hawkins ('I'll Put a Spell on you'), Screamin' Lord Sutch ('Big Black Coffin'), The Rolling Stones e The Doors. Tuttavia, la maggior parte delle rivendicazioni erano rivolte a Heavy Metal.

'Satanic Panic' è il panico morale più evidente quando si tratta di esaminare la musica moderna ed è per lo più applicato alla musica Heavy Metal e Goth.

Ma non si ferma qui: violenza, sessismo, razzismo e omofobia, suicidio e autolesionismo sono alcune delle accuse rivolte alle scene di Heavy Metal e Goth.

CAPITOLO 2: GUERRA DELLE PAROLE - PANICO MORALE E CENSURA

I seguenti due sotto-concetti di Moral Panic sono utilizzati in questo studio: Satanic Panic (allegations over satanic lyrics in Rock music, especially Heavy Metal) e Fear of Youth (le presunte cattive influenze nella maggior parte delle forme di cultura popolare sul comportamento adolescenziale). Gli storici del rock Bashe, Konow, Christe e l'esperto di studi sociologici/mediatici, Sternheimer, citano esempi di incidenti in cui la musica aveva contenuti discutibili o era legata a comportamenti devianti.

AUTOSTRADA PER L'INFERNO: SATANA IC PROSPETTIVA PANICO

Il panico morale più comune legato al metallo

è 'Satanic Panic'; dove i fondamentalisti cristiani (soprattutto negli Stati Uniti) hanno fatto affermazioni sul rapporto tra band metal e culto del diavolo tra la comunità più ampia con poche prove corroboranti (West Memphis 3 Web Master, 2005b). Questi accusatori includevano il Parents' Music Resource Centre (PMRC) e la maggioranza morale negli Stati Uniti; e Giovani contro le magliette Heavy Metal (YPAHMTS) in Australia.

Esempi di Satanic Panic over bands furono 'The Number of the Beast' degli Iron Maiden (e l'album omonimo) (Bashe, 1985); 'Shout at the Devil' dei Motley Crue, canzone degli AC/DC, 'Highway to Hell'(Konow, 2002); Cacciatrice in piedi per 'Satana ride come tu eternamente Rot'(Chirazi, 1991); Ozzy Osborne per aver morso la testa da un pipistrello (Konow, 2002); e Venom per aver causato danni con i loro effetti pirotecdi e sostenendo che il conto ammontava a 666,66 dollari (Konow, 2002). Altre band 'evil' incluse: Black Sabbath, Kiss, Led zeppelin, Angel Witch, King Diamond, Danzig e Deicide (Chirazi, 1991); Alice Cooper, Blue Oyster Cult, Cimitero, Lacuna Coil, Moonspell, The Gathering, Cradle of Filth, Celtic Frost, Rob zombi e Type O Negative (Baddely, 2002); Marilyn Manson (Sternheimer, 2003); Axl Rose (Guns 'n' Roses) (Konow, 2002); Mayhem e Burzum dalla Norvegia (Christe, 2004); e il Nazareno Impalato della Finlandia (McIver, J, 2005).

I gruppi religiosi e conservatori, ad esempio

PMRC, Maggioranza Morale (USA), YPAHMTS (Australia) sono tra i più noti "censori" e "metallofobes". L'Assemblea dello Stato della California, Philip Wyman e il deputato Robert Darnan furono i primi a chiedere adesivi che avvertimentovano contro i messaggi subliminali. Essi sostenevano anche che la "Stairway to Heaven" dei Led zeppelin glorificava il satanismo; con le parole che dicono 'il mio dolce Satana' quando viene riprodotto all'indietro – questo processo è noto come back-masking, dove ci sono messaggi satanici all'indietro nelle canzoni (Bashe, 1985:144).

Il deputato dell'Arkansas, Jack McCoy, propose nel 1983 che gli album con "back masking" portasse adesivi di avvertimento e che i dischi "back masked" senza adesivi siano confiscati. Il disegno di legge è stato presentato nel gennaio 1983 alla commissione per la sanità pubblica della Camera; inviato alla Camera, che ha approvato 86 a 0, e poi davanti a una commissione del Senato. La commissione del Senato l'ha approvata con un emendamento che lo rende un reato di classe A. Il disegno di legge è stato rispediscito alla Camera per la concordenza e poi 'tabled'. McCoy, padre di due figli, ha dichiarato di aver fatto la proposta dopo che gli elettori si sono lamentati di avere il diritto di sapere della maschera posteriore su qualsiasi materiale audio acquistato. La sua 'lista di lavanderia' di titoli di canzoni offeso includeva 'Stairway to Heaven' dei Led zeppelin. Simili controversie di back masking si sono verificate con gli album dei Beatles 'Rain' (nel 1966) e 'The White Album' (1968).

Panico satanico e metallo-fobia erano diffusi anche in paesi come la Croazia (ex Repubblica jugoslava) (Starbuck, 1995); Indonesia (Christe, 2004) e Marocco (Reuters to My Yahoo, 2003).

Anche in Australia, che ha meno fan o band ben note, le persone erano infastidite dai fondamentalisti religiosi. Roger Foote (di Sulkus) ha dichiarato: "Quando facciamo spettacoli di tutte le età, i cristiani scendevano dal centro giovanile locale e mettevano fuori tutta la loro propaganda... tutto è diventato un po' fondamentale' (Hall, 1997)

Un altro esempio australiano è stato Matthew Thompson e Young People contro le magliette Heavy Metal (YPAHMTS), che a quanto pare speravano di poter "migliorare il calibro morale dei giovani di oggi" (Mason, 1992). Un altro denunciante ha dichiarato che l'arte su Heavy Metal non è più offesa di quella trovata nelle gallerie d'arte (Collerson, 1992); mentre un altro ha dichiarato: 'qualsiasi atteggiamento cinico verso... "Thompson's Moral Guardian" deriva dal fatto che queste persone non sempre diano un esempio brillante' (Keating, 1992).

Tuttavia, poche band dei Death e dei Black Metal si presero sul serio e spesso nessun atto satanico ebbe luogo sul palco. Doug Dalton (Fringe Art

Music) ha dichiarato che, 'Solo una piccola percentuale di Morte e Black Metal è satanico, e poi la metà di questo sta prendendo il piscio' (Hall, 1997). Inoltre, Bashe sostenne che il segno "il cornutu" fatto da molte bande e fan (con l'indice e il mignolo alzato contemporaneamente) era un simbolo della mano italiana usato per allontanare il diavolo o 'occhio malvagio' (Bashe, 1985). Si presenta così: \m/.

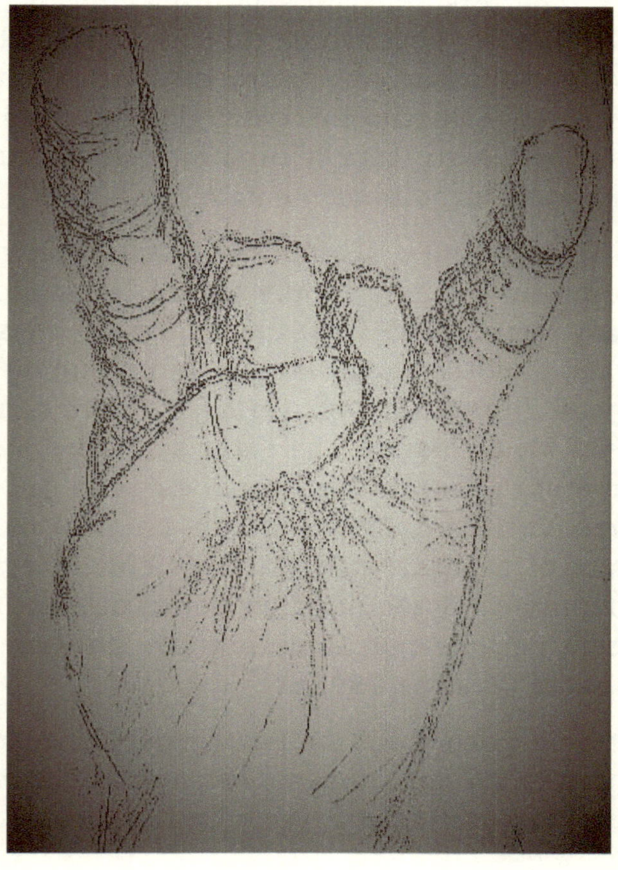

UNA LEZIONE DI VIOLENZA: INCOLPARE IL METALLO, DURO ROCK E PUNK PER VIOLENT BEHAVIOUR

Michael Bradley (2003) ha dichiarato che i ricercatori della Iowa State University e del Texas Department of Human Services hanno scoperto che i testi violenti delle canzoni portano a pensieri ed emozioni negative e ad una maggiore aggressività. Cinquecento studenti universitari sono stati sottoposti a cinque esperimenti, ascoltando canzoni "violente" e "non violente" e riempiendo frammenti di parole per fare e ricordare le parole. I risultati hanno mostrato che i soggetti che ascoltavano testi aggressivi riempivano la parola frammenti (come h_t) per formare parole aggressive (come 'hit'), ricordavano parole più aggressive e le leggevano più rapidamente. Nello stesso articolo, il professor Montgomery, dell'Università di Canberra, ha aggiunto che gli adolescenti "socialmente alienati" erano "più inclini a sferzare" se "spinti" dalla musica, mentre lo psicologo Craig Forbes, sosteneva che la musica "alienò l'ascoltatore" e "svalutava altre persone", portando a essere aggressiva verso, e valorirne altre, meno.

Una recensione dell'articolo di Fox (2004) da 'Psychology Today' ha mostrato una relazione simile tra diversi sottogeneri del rap e comportamenti preoccupanti negli adolescenti.

Molte band sono state anche accusate del comportamento violento dei fan, in particolare nei confronti delle donne. Gli AC/DC furono incolpati quando Richard Ramirez (il Night Stalker) stuprò e uccise molte donne (la sua canzone preferita era Night Prowler degli AC/DC); e quando Ricky Casso, spacciatore di Long Island (NY), uccise un cliente in una foresta vicina. La t-shirt DEGLI AC/DC che indossava 'corrispondeva' ai graffiti nei parchi giochi e nei vicoli della sua città (Christe, 2004).

La canzone degli Slayer '213' ha attirato l'attenzione dei media dopo l'omicidio di Elyse Pahler di San Lius Obispo, California nel 1995. I genitori di Elyse decisero di intentare una causa contro la Slayer e la loro casa discografica; l'accusa ha sostenuto che la band e la casa discografica "commercializzare illegalmente e distribuire prodotti dannosi e osceni ai minori" (come gli assassini della ragazza presumibilmente ascoltato la band); e il testo di '213' sono stati ristamristati nel giornale (Sternheimer, 2003).

Il legame tra Heavy Metal (e Rap), i loro testi "sessisti" e gli atteggiamenti e comportamenti negativi nei confronti delle donne possono essere visti in uno studio di St Lawrence and Joyner's (1991). Questi ricercatori hanno suggerito che i maschi che ascoltano musica pesante erano più propensi ad accettare la violenza contro le donne, indipendentemente dal contenuto lirico, rispetto a quelli che ascoltano musica "facile da ascoltare". Più specificamente, hanno scoperto che i maschi con un orientamento religioso estrinsico erano anche più propensi ad accettare credenze "sostenitori dallo stupro"; e l'esposizione all'Heavy Metal è stata associata a stereotipi di ruolo sessuale e atteggiamenti negativi nei confronti delle donne.

Boeglin (2000) alla Layola University di New Orleans, ha anche ipotizzato che le preferenze per la musica Heavy Metal, Rap o Country, fossero associate a opinioni di parte sui ruoli dei sessi; preferenze per Pop, Top 40 o altra musica Rock sono stati associati con una visione uguale dei sessi. c'erano forti correlazioni tra le preferenze per Heavy Metal o Rap, e i punteggi sull'inventario Bem Sex-Role e il Sexual Attitudes Survey (ma deboli correlazioni con gli altri tre generi), e i punteggi sull'accettazione della violenza interpersonale e sulle credenze sessuali adversarial Subscale della scala degli atteggiamenti sessuali in questo studio potrebbero aver sostenuto lo studio di San Lorenzo e Joyner (1991), mostrando un forte rapporto tra l'ascolto dell'Heavy Metal e la violenza.

Ma mentre molte delle correlazioni erano forti, erano insignificanti e rendevano i risultati inconcludenti. Ci sono stati diversi motivi per cui questo è così: la dimensione del campione era troppo piccola e non rappresentava adeguatamente gli appassionati di Heavy Metal, Rap o country music (solo 34 partecipanti che erano studenti universitari) e le femmine superavano anche i maschi 26 a 8 (violando così l'ipotesi di "omogeneità della varianza" nei test statistici).

Il capro espiatorio di Heavy Metal per condotta violenta ha avuto molte implicazioni legali per i fan degli Stati Uniti. Un esempio è stato il West Memphis 3: tre ragazzi adolescenti di West Memphis, Arkansas (Jessie Misskelley, Jason Baldwin e Damien Echols) sono stati accusati dell'omicidio di tre ragazzini. I tre adolescenti sono stati incarcerati, anche quando non c'erano prove sufficienti per suggerire che l'avevano fatto (Christe, 2004). Echols è stato condannato a morte mentre Misskelley e Baldwin sono stati condannati all'ergastolo (West Memphis 3 Web Master, 2005a).

Molte band sono state accusate anche per le sparatorie scolastiche: la canzone dei Pearl Jam,

'Jeremy' (pubblicata nel 1991) è stata accusata di una sparatoria scolastica nel febbraio 1996; quando un ragazzo di 14 anni ha sparato a 3 studenti e un insegnante a Moses Lake, Washington (USA). In Germania, un altro adolescente ha sparato e ucciso 13 insegnanti, bambini e un agente di polizia nella sua scuola; le autorità incolparono il numero di Slipknot, "School Wars" per il suo comportamento (la canzone presumibilmente includeva le parole 'Shoot your naughty teacher with a pump gun') (Rick's Rants, 2005). L'esempio più noto di musica pesante incolpata per una sparatoria scolastica è stato il massacro di Columbine; dove Marilyn Manson è stata incolpata anche quando non c'erano prove che suggerissero che gli assassini fossero fan (Rick's Rants, 2005).

Molti studi (a partire dagli anni '80) hanno anche collegato Metal ad altri atteggiamenti e comportamenti negativi. Virgin Cars ha dichiarato che Heavy Metal è pericoloso da ascoltare durante la guida. Hanno dichiarato che 'Metal può uccidere... se sei un autista'; che la musica riprodotta ad un volume elevato e un tempo rapido altera la concentrazione e rallenta i tempi di reazione fino al 20%; e che i conducenti che ascoltavano Metal avevano maggiori probabilità di guidare attraverso i semafori rossi e meno propensi a sentire le sirene dei veicoli di emergenza (Udo, 2005).

Inoltre non cambia il fatto che molti fan e goti di Metal sono stati sul lato ricevente della violenza nella vita reale.

Un primo esempio è la situazione di Sophie Lancaster e del suo fidanzato, Robert Maltby, che sono stati mbappiti da una banda di adolescenti in un parco (a Bacup, città del Lancashire nel Regno Unito). Questo incidente è avvenuto l'11 agosto 2007 quando Robert è stato attaccato (per nessuna ragione apparente, a parte il fatto che erano 'moshers'), Sophie è venuto in suo aiuto e lei è stata poi impostata su. La coppia era entrambi in coma, e mentre Robert usciva da quel coma, Sophie non l'ha fatto. È morta il 24 agosto dello stesso anno (Travers, 2017).

CHI È LA COLPA? (PER IL SUICIDIO GIOVANILE, VALE A CASO)

Un'altra accusa rivolta a Heavy Metal è che porta al suicidio giovanile. Ecco alcuni esempi: un ragazzo canadese di quattordici anni è stato trovato morto nella sua stanza dopo essersi impiccato, con una foto di Alice Cooper appesa alla forca del palco sul suo muro; e 'Fade to Black' dei Metallica (dall'album 'Ride the Lightning') è stato accusato di essere pro-suicidio da (Konow, 2003). Un giovane ragazzo californiano trovato morto nella sua stanza, quando 'Parla del diavolo' di Ozzy Osborne era sul suo giradischi (che non includeva 'Suicide Solution'). L'avvocato dell'accusa, Kenneth McKenna (avvocato di "lesione personale" che ha anche portato la causa contro il Sacerdote di Giuda), ha sostenuto che la canzone conteneva messaggi nascosti - 'prove' che dicono fosse da analisi al computer. La difesa ha sostenuto che la canzone era sull'alcolismo che porta ad una morte lenta (Christe, 2004).

Judas Priest sono stati anche accusati di messaggi subliminali nel loro album 'Stained Class'; quando Raymond Belknap (18 anni) e James Vance (20) ascoltarono l'album per sei ore il 23 dicembre 1985; bevuto grandi quantità di alcol e fumato marijuana prima di sparare se stessi. Belknap morì all'istante, e Vance visse con ferite per 3 anni fino alla sua morte. Sono stati chiamati oltre 40 testimoni, tra cui membri della band. Le famiglie chieseno 6,2 milioni di dollari di danni. Le presunte parole, "farlo", sono state trovate come "una combinazione casuale di suoni". La difesa ha affermato che i due ragazzi avevano problemi con l'abuso di sostanze e la violenza familiare, così la band è stata assolta (Christe, 2004).

L'argomento che sostiene il rapporto tra heavy metal e suicidalità non è strettamente limitato alla religione o alla politica: il mondo accademico è un altro modo in cui si può illustrare una tale relazione.

Un esempio è il rapporto tra Heavy Metal e Suicide. Studi di Stack (1998), Stack et al (1994) e La

Course et al (2001) e un articolo di Persaud (2004) hanno collegato l'heavy metal con fattori come la depressione, l'alienazione, l'uso di droghe e l'accettabilità al suicidio.

Nell'articolo di Stack, Gundlach and Reeves (1994), "The Heavy Metal Subculture and Suicide", i dati sugli abbonamenti alle riviste Heavy Metal sono stati correlati a quello sul suicidio giovanile in 50 stati degli Stati Uniti e che la musica ha spiegato il 51% della varianza nel suicidio giovanile. In un precedente articolo, Steven Stack (1998) ha trovato un altro legame tra Heavy Metal e suicidio, sostenendo che Heavy Metal ha portato all'accettabilità al suicidio attraverso l'esposizione a una "cultura" segnata dal caos personale e sociale, usando fattori come il genere, lo status socioeconomico e l'istruzione. In particolare, ha scoperto che livelli più bassi di religiosità, quando combinati con fan ship, portano all'accettabilità del suicidio; così, rendendo più facile guardare il comportamento di pochi, piuttosto che ciò che li ha resi suicidi per cominciare.

LaCourse, Claes e Villeneuvre (2001) hanno esaminato le caratteristiche differenzianti dei fan adolescenti del Heavy Metal associati al rischio suicida: il culto degli idoli (dei musicisti); ascolto per il rilascio vicario o catarsi (per far emergere l'aggressione quando ci si sente arrabbiati); poveri rapporti familiari, depressione, abuso di droga, e la rappresentazione del suicidio attraverso i media. Hanno trovato relazioni insignificanti tra una preferenza per l'Heavy Metal e il rischio suicida sia per i ragazzi che per le ragazze (e l'uso della musica per il rilascio per procura e il rischio suicida di essere inversamente correlati per le ragazze); e che la musica era associata solo a idee suicide passate (pensieri). LaCourse e colleghi credevano che uno studio longitudinale avrebbe determinato gli effetti a lungo termine dell'ascolto musicale come meccanismo di coping, e come potrebbe aiutare a trattare le persone colpite da depressione o ideazione suicida.

RUMORE BIANCO: METALLO, PUNK E RAZZISMO

La fusione tra punk e metal ha fatto sì che entrambi gli stili siano stati "dipinti in un angolo" - con il metal accusato di sessismo e punk di razzismo. Secondo Jones, i punk sono stati indignati dal "sexism and fantasie of violence" del metal (Jones, 1986).

Punks E Skinheads

Questo stereotipo esiste da molto tempo: probabilmente dagli anni '60 e '70, dall'esistenza del punk rock (Hunter-Tilney, 2018)

Mentre i punk hanno criticato i headbangers per essere sessisti, i head bangers sono stati al contrario "disgustati dall'immagine punk del razzismo e della violenza" e "prendendosi sul serio" (ibid, Jones, 1986). Sia Sid Vicious che Souxie Sioux indossavano svastiche durante l'era punk; e Souxie ha scritto canzoni con atteggiamenti ambigui nei confronti degli ebrei (in una canzone, 'Love in a Void', scrive, 'troppi ebrei per i miei gusti'; mentre un'altra canzone, 'Israele', esprime più simpatia verso di loro) (Baddely, 2002).

Heavy Metal È Razzista E Altre Accuse

Tuttavia, non c'era carenza di head bangers essere accusato di tale, anche Kiss. Si dice che la band fosse davvero nazista, perché due S nel logo Kiss sembravano l'emblema dei servizi segreti nazisti delle 'SS' (Meldrum, 1980).

La traccia dei Guns'n'Roses, 'One in a Million' (dall'album 'Lies') era considerata razzista: avrebbe dovuto riguardare le sue esperienze negative con i neri americani al suo arrivo a Los

Angeles. È stato riferito di aver cantato sulla polizia, immigrati e 'froci' in questa canzone. In sua difesa, ha detto che odiava le persone che mettevano dei confini su quali parole poteva o non poteva usare; che ha usato le parole per descrivere le persone che erano 'dolori' nella sua vita; che non gli piacevano i gay, ma non gli importavano tutti gli immigrati (solo quelli che lo offendevano). Ha anche detto che nessuno aveva il diritto di criticare la canzone a meno che non abbiano sperimentato quello che ha fatto a Los Angeles (Konow, 2002).

Nikki Sixx di Motley Crue è stato riferito di aver "racialmente squarciato" una guardia di sicurezza che presumibilmente 'sgrossato' una fan femminile; le sue parole erano: 'Non sono razzista ma, solo un negro avrebbe colpito una ragazza' (ibid: pp 346-7).

Billy Milano e la sua band S.O.D sono stati molto controversi con i loro testi delle canzoni - le canzoni 'Speak English or Die' e 'F'k The Middle East' sono state ritenute razziste; ma Scott Ian (anche lui di Anthrax) ha dichiarato che erano circa 'correttezza politica' (ibid: pp 238-9).

Eppure, nonostante le accuse di razzismo contro il metallo, era ancora immensamente popolare tra gli immigrati negli Stati Uniti, molti dei quali erano soliti colmare il divario tra le loro culture a casa e la cultura adottata negli Stati Uniti. Christe ha citato esempi di artisti provenienti dall'estero: i fratelli Van Halen (Olanda), Lars Ulrich dei Metallica (Danimarca), Rudy Sarzo (Cuba) di Quiet Riot, Tommy Lee (Grecia) di Motley Crue e Tom Araya e Dave Lombardo (Sud America) degli Slayer (ibid: p 81). Inoltre, c'erano Tom Morello e sach de la Roche (Rage Against the Machine – parte keniota, e parte messicana, rispettivamente), Juan Croucier (cubano), e come accennato in precedenza, Living Colour e Fishbone (anche band con membri afroamericani (Ruiz, 2016).

Il pubblico prevalentemente bianco in metal significava che gli artisti neri copped un 'ribbing'. A Phil Lynott (cantante dei Thin Lizzy) fu detto che era piuttosto buono per un e molte persone pensavano che i Thin Lizzy fossero una band soul. Allo stesso modo, Living Colour sperimentò il razzismo quando fecero un tour con gli Anthrax negli anni '90, così come Norwood Fisher di Fishbone.

Fisher ha avuto questo commento da fare:

> "Molti dei miei amici neri al liceo erano a Van Halen e negli Scorpions, ma il modo in cui l'industria è stata impostata li scoraggiava dal far parte del Rock'n'roll, così lo ascoltavano sempre meno" (Konow, 2002: p 81).

A cui Konow ha aggiunto:

> "Molte minoranze hanno apprezzato il metal e l'hard rock, ma hanno ritenuto di non essere state invitate alla festa (ibid)".

Alcuni direbbero "Sì – è razzista":Dave Snell e Darrin Hodgetts, del Dipartimento di Psicologia dell'Università di Waikato (inNuova èelanda)) affermano che:

> A causa del loro posizionamento marginale nella società, le comunità heavy metal sono particolarmente sensibili all'infiltrazione da parte di gruppi suprematisti bianchi e quindi degne di considerazione....

Purtroppo, per alcuni migranti (come molti gruppi di lingua spagnola negli Stati Uniti), ci sono accuse da parte di membri delle loro comunità di "cercare di essere bianchi", come sperimentato dai due redattori della fanzine 'Endemoniada' – Lucifera e Xostur.

Eppure, nonostante queste accuse di razzismo, il metal aveva goduto di successo in tutto il mondo, come nel caso del tour "Behind the Iron Curtain" degli Iron Maiden in Polonia (Christe, 2002); sia i bianchi che i non bianchi vengono a concerti in Sud Africa (anche se si tengono per sé), e band sono sorti in Medio Oriente e Israele (ibid). Il successo della Sepultura brasiliana ha fatto sì che molti latinos in tutto il mondo sono stati in grado di identificarsi con il metallo (ibid).

Phil Anselmo E 'Potere Bianco'

Questo si basa su diverse accuse su Phil Anselmo, che (nel 1995) stava tenendo un discorso sull'"orgoglio bianco" e chiamando fuori un sacco di band rap per 'razzismo inverso' (Metal Leux 21, 2008). Un altro video mostra Phil fare un saluto in stile nazista (R. C., 2016).

Questo aveva attirato molte risposte contrastanti, tra cui Rob Flynn di Machine Head (2016) – entra nell'oppressione dei neri da parte dei bianchi e sosteneva che nessuna persona bianca in America era stata oppressa da nessuna persona di colore. Non era contento del "saluto nazista" di Phil.

Phil aveva risposto in un'intervista con Eddie Trunk in merito alla "segnalazione della virtù" di Rob Flynn (Keymo Embryo, 2016), dicendo che aveva amici "di tutti i colori" e ha detto di essere cresciuto in una famiglia monoparentale in una comunità molto diversificata a New Orleans. Ha anche messo in dubbio il commento di Rob, dicendo: "Che cosa hai fatto per migliorare le cose?" Quella parte dell'intervista (sull'incidente di Dime Bash) inizia a 19 minuti e 51 secondi. In seguito si è scusato per quello che ha fatto (Anselmo, 2016)

Sbloccare La Verità: Persone Di Colore E Metalli Pesanti

Questo era un gruppo di ragazzi afroamericani di 11 anni che interpretavano un brutale heavy metal (Fuel 10988; 2013). Ciò aveva attirato alcuni commenti da parte di altri su Internet.

Laina Dawes di The Root ha avuto questo da dire (2013):

> Tutto è iniziato con un video di tre giovani ragazzi neri che si sono sbattendo la testa a Times Square a New York, suonando un genere musicale che, per un certo numero di persone, è una rarità per le persone di colore.

Affermò anche che la band, Unlocking the Truth, aveva (abbastanza interessante) attirato più 'ire' dalla comunità nera piuttosto, proprio come fece Jimi Hendrix, che con i bianchi per il gradimento dell'hard rock e delmetal. Hainoltre dichiarato che Skin (della band inglese Skunk Anansie) è stata sorpresa di trovare il suo album nella sezione R&B di un negozio di record al posto della sezione Heavy Metal.

Secondo Unlocking the Truth: "hip-hop, R&B e soul sono ancora utilizzati dai loro coetanei come barometro per misurare la propria autenticità culturale". Altre persone di colore (soprattutto afroamericani) sono accusate di "cercare di essere bianche" se gli piacesse il metallo.

E ha detto che anche i suoi "colleghi bianchi" sono stati vittime di bullismo per aver gradito il "tipo sbagliato di musica" (quindi non era solo una questione razziale) - spesso era un "rito di passaggio" per gli appassionati di musica e non solo per le persone di colore.

HOMOFOBIA

Nonostante la reputazione del genere per essere omofobico, una di queste persone di 'esprimere la loro sessualità senza effettivamente dire che' era Rob Halford. Adottò l'attrezzatura S&M e la pelle e le borchie nel 1978, facendo entrare il resto della band nei guai con gli Osmonds quando si sferrò la frusta sul palco durante 'Top of the Pops' (nel Regno Unito). Tuttavia, come gli artisti neri sulla scena metal, Halford affermò di sentirsi isolato dal resto della band (e da altri artisti), perché non fece quello che fecero gli altri artisti (dritti) (come bang groupies o andare in strip club). Non è uscito fino a dopo aver lasciato la band (Konow, 2002).

CAPITOLO 3: "GUIDA DEI GENITORI" - L'ARGOMENTO "PAURA DEI GIOVANI"

Immagine: 4 - Immagine C/O Recording Industry Association Of America (RIAA): Https:// Www.Riaa.Com/

Seduto tra il panico morale e le prospettive del capitale culturale è l'argomento "paura della gioventù"; anche se non tutta la musica è satanica, la paura delle presunte influenze musicali è legata a quelle di altri intrattenimenti come cartoni animati, film o videogiochi, giovani in generale, sesso, pubblicità e media (Sternheimer, 2003). Sternheimer ha sostenuto che la "paura dei giovani" coincideva con il "bashing giovanile" o incolpando i gusti delle persone più giovani e meno potenti per i problemi sociali per distogliere l'attenzione dalla responsabilità dei gruppi più potenti per i problemi. Gli scienziati comportamentali hanno collegato l'adolescenza all'insorgenza di problemi psichiatrici e comportamentali, quindi la cultura adolescenziale è sottoposta allo sguardo scientifico. Il fatto che gli adolescenti e i genitori non abbiano apprezzato le stesse cose è esistito fin dagli anni '50. Prima, la musica era per lo più divisa lungo linee razziali e di classe. Andare al liceo significava stare lontano dagli adulti e con altri bambini di più e godersi cose che ai genitori non piacevano. I genitori temono che i bambini "crescono presto" e si sentono minacciati (Sternheimer, 2003:6-7). Ecco alcuni esempi.

Twisted Sister 'We're Not Going to Take It' è stato considerato come anti-autoritario; ma Dee Snider ha sostenuto che la canzone era sulla libertà personale e una dichiarazione contro gli abusi sui bambini (Konow, 2004).

Il PMRC (Parents' Music Resource Centre) ha accusato lo stupro, il suicidio e l'alcolismo sui testi rock. Sono stati formati nel 1985 da Susan Baker (moglie del segretario al Tesoro James Baker) e Tipper Gore (moglie del senatore Al Gore) durante l'era Reagan (negli Stati Uniti). Si sono lamentati con la Recording Industry Association of America (RIAA), chiedendo un sistema di rating per gli album. Album con riferimenti sessuali, di droga, violenti o occulti lo direbbero, e quelli con illustrazioni offensive sarebbero avvolti in carta marrone. La maggior parte delle band heavy metal furono prese di mira, così come Prince, Sheena Easton, Cyndi Lauper, The Captain e Tennille, e anche John Denver. Nel settembre 1985, la commissione per il commercio del Senato ha tenuto un'inchiesta sul motivo per cui i record dovrebbero essere limitati e valutati proprio come i film. Twisted Sister's Dee Snyder ha visto come una buona opportunità per portare la bandiera per il metallo (Konow, 2004). Inoltre, a quell'udienza c'erano il dottor Stuessy (un insegnante di musica ed ex musicista rock) e il dottor King (uno psichiatra infantile e adolescente).

Stuessy affermò che l'Heavy Metal era "qualitativamente diverso" dalle altre musiche rock, in quanto conteneva temi e messaggi di violenza, ribellione, sesso, droga e satanismo. Questi sono stati apparentemente rafforzati attraverso la ripetizione primaria e secondaria - il primo è stato quando la linea di gancio del coro è stato ripetuto più volte; e quest'ultimo è stato quando la canzone viene riprodotta ripetutamente, permettendo all'ascoltatore di capire le parole. Le parole sono state rafforzate anche attraverso il back masking e altri messaggi subliminali. Heavy Metal comporta anche l'input "multisensore", dove non solo le parole sono state ripetute più volte, ma i vestiti, i capelli e l'atto scenico sono tutti aggiunti all'impatto visivo; il volume e la potenza della musica hanno rafforzato l'impatto uditivo; e gli odori di alcol, sigarette e marijuana si aggiungevano a quello che credeva fosse "controllo mentale". E dal momento che i genitori chiedono agli ascoltatori adolescenti di abbassare la musica (o spegnerla), la ascoltano tramite auricolari, senza interruzioni o distrazioni – un processo che lui chiama "input di esclusione" (The US Government Printing Office, 1985).

Il dottor King, lo psichiatra, ha poi presentato il suo caso contro Heavy Metal, sostenendo che i suoi clienti erano "delinquenziali, sessualmente promiscui, violenti, suicidi e persino omicici"; e la maggior parte di loro 'adorato' Heavy Metal. Ha aggiunto che gli artisti sono stati innalzati allo status di "divinità" e che l'immagine e la musica hanno rafforzato i temi dell'"odio" e della "ribellione", su cui l'adolescente (paragonato a un bambino che ha bisogno di protezione) sviluppa un sistema di credenze attraverso l'"ascolto a lungo termine" (US Government Printing Office: p124).

Questi scritti erano così ridicolo e non scientifico per me, e io non sono stato così Ho deciso di includerli in questa sezione e non nella sezione "Letteratura accademica" di questa tesi.

La Recording Industry Association of America (RIAA) accettò di mettere adesivi su album "offensivi", ma a discrezione delle singole casa discografiche – tuttavia, Frank 'appa (un oppositore di questo sistema) credeva di capitolare a quello che vedeva come un gruppo di "terroristi culturali". La legislazione ha avuto luogo nel 1990, con catene di negozi come Wal-Mart che boicottano tutti gli album che sono stati 'stickered'.

Altre leggi includevano la RIAA che accettava l'adesivo poco prima di introdurre le tasse sui supporti di registrazione in bianco, la possibile introduzione al monitoraggio della TV via cavo (per esaminare i video musicali), una hotline telefonica pay-per-minute per dispensare consigli sul satanismo e un menu vocale di "trasgressioni liriche" da parte di esecutori specifici (Konow, 2002; Christe, 2004).

La Jell-O Biafra dei Dead Kennedys era un artista in acqua calda sul suo EP 'Frankenchrist' (e molti distributori di disco sono stati in difficoltà per la sua distribuzione), a causa del poster ('Penis Landscape'), e della foto di un gruppo maschile fraterno chiamato 'The Shriners' (che ha intentato una causa per diffamazione contro la band) (Moorer,

1987). La maggioranza morale è venuto dopo; un gruppo guidato da Jerry Falwell, un televangelista che si oppone all'aborto, forza l'autobus e insegna l'evoluzione nelle scuole (Christe, 2004).

Un genitore, Susan Balfour, fu così offeso dai testi di Slipknot che voleva che l'Aggressive Music Festival (in programma il 17 e 18 luglio 2003, nella zona di Glenn Falls) fosse cancellato. Aveva in programma di girare per l'area di Glenn Falls, mostrare i testi delle band in programma di suonare e chiedere alla gente di firmare una petizione per il concerto da annullare. La sua argomentazione era che il testo aveva un effetto molto 'potente' sui bambini piccoli; usando il testo di 'Disaster Piece' di Slipknot per illustrare il suo punto di vista. Raccolse oltre 300 firme e le presentò ai funzionari della città; tuttavia il concerto è andato avanti a causa del sostegno schiacciante per le band (Hamilton, 2004).

Più vicino a casa in Australia, uno scrittore anonimo (che ha dichiarato di essere un cristiano nato) si è lamentato con la rivista 'Outsider' (una newsletter per Roadrunner Records) che le persone nelle riviste erano omosessuali, tossicodipendenti, satanisti e fornicatori e ha detto loro di non inviare copie della fanzine a suo figlio (Editor, Outsider Magazine, 1999).

In breve, la prospettiva della "paura della gioventù" può aiutare a spiegare perché sia l'Heavy

Metal che il Rap sono sotto tiro più di altri generi, in particolare quelli apprezzati dagli adulti.

Il capitolo successivo, 'Gangster's Paradise, parla della paura dell'argomento giovanile e degli atteggiamenti nei confronti della musica rap i suoi effetti successivi sulla politica pubblica.

Immagine: 5 - Consulenza genitoriale F (Immagine c/o Facebook.com)

CAPITOLO 4: GANGSTER'S PARADISE - LA CONTROVERSIA SUL RAP

Quando la maggior parte delle band heavy metal furono guidate nel underground (fuori dalla scena commerciale e mainstream) dal PMRC e da gruppi simili, la musica rap prese il maggior numero di rap. La presenza di riferimenti "violenti" e "sessuali" nel rap ha portato a molti problemi di censura, e le campagne contro il rap sono state come quelle contro Heavy Metal.

Questo "panico morale" è venuto dai membri più anziani della comunità afroamericana. Ecco due esempi. Il primo fu con il reverendo Calvin Butts, che tenne un "Rap-in" il 5 giugno 1993 ad Harlem, New York City. Ha esortato i partecipanti a portare nastri e CD offensivi per essere eseguiti da un rullo a vapore. Il "Rap-in" è stato sventato da membri e sostenitori della nazione Hip Hop, che hanno bloccato il rullo a vapore.

Il secondo esempio è stato con il dottor C Delores Tucker nel 1994: essendo la leader del Congresso Politico Nazionale per le Donne Nere, ha unito le forze con William Bennett, l'ex segretario all'Istruzione, per organizzare una campagna contro rap. Nel 1995, riuscirono a costringere Time Warner a vendere il loro interesse per la Interscope Records (una casa discografica associata a molti Gangsta Rappers) (Smitherman, 1997). La sua lamentela era che l'industria musicale vendeva dischi per bambini che "glorificano l'omicidio e l'uso di droghe" e celebravano il pestaggio e lo stupro delle donne, e lei ne interrogò la sua influenza sui bambini quando fu testimone di bambini che chiamavano le bambine "le femmine" (Olanda, 1996: paragrafo 31)

La loro campagna prevedeva che i membri del pubblico scrivevano alle seguenti società: Time Warner, BMG, Polygram, Thorn-Emi e Sony, dicendo loro di non sponsorizzare Gangsta Rap o Death Metal. Inizialmente, anche l'Interscope Label era sotto tiro, ma quando la MGA acquistò l'80% della società, concordarono con l'altro 20% che non avrebbero tratto profitto da Gangsta Rap o Death Metal. Tuttavia, l'accordo ha permesso ancora di fabbricare, commercializzare e distribuire la musica attraverso terze parti non collegate. Questa campagna è andata in onda sulle stazioni radio locali e si è concentrata sul "lato conservatore" della nave ascoltatore (Olanda, 1996:

paragrafi 11-5).

Hilary Rosen, della Recording Industry Association of America e Pam Horowitz della National Association of Music Retailers hanno risposto a queste affermazioni: Rosen ha dichiarato che l'industria discografica è stata coinvolta in questioni come la registrazione degli elettori, campagne anti-violenza, educazione all'AIDS e tassi di alfabetizzazione. Ha aggiunto che le società membri hanno anche "preso molto sul serio il loro programma di etichettatura dei genitori" e che i "tutori morali auto-nominati" dovrebbero cercare "soluzioni", non "capro espiatorio" ai problemi degli adolescenti (Olanda, 1996: paragrafi 16-18). Horowitz rispose dicendo che questi senatori ignoravano i diritti dei consumatori adulti che avevano "legalmente il diritto di ascoltare musica con contenuti per adulti" (paragrafo 19).

Alcuni artisti rap hanno anche riconosciuto il problema: De La Rocha (di Rage Against the Machine) credeva che il sessismo e la misoginia fossero dilaganti nella musica rap, "Straight up – there's got to be a more creative way that sorgonosss between men and women than to disumanize a woman and call her to be a bitch"; mentre Morello (chitarrista) ha detto questo: "Ci sono pochi gruppi pieni di santi. Wu Tang fa un sacco di grande musica, ma il contenuto misogino è qualcosa che non ci sta in '(Hendrickson, 1997).

Gli studi sul rap da soli lo collegano anche al sessismo. Dixon and Linz' (1997) ha suggerito che sia i maschi che le femmine sono stati offesi dai testi di 2 Live Crew degli album 'As Nasty as They Want to Be' (la versione giudicata "legalmente oscena" dalla Corte Federale negli Stati Uniti) e "As Clean as They Want to Be" (la versione "più pulita").

Molti rapper hanno scoperto di essere ostracizzati per gradire la musica. La rabbia contro il cantante dei Machine, De La Rocha, andò in una classe media prevalentemente bianca; scuola superiore suburbana in California, dove non molte persone hanno accettato l'hip-hop in quel momento (nel 1980). Ha detto che molti dei suoi amici 'bianchi' hanno smesso di parlargli perché il rap era "il tipo di cose che (i neri) hanno fatto" (Hendrickson, 1997). Quindi, l'avversione del rap è associata al razzismo. Roger Ebert ha scritto su Wikipedia:

> Il rap ha una cattiva reputazione nei circoli bianchi, dove molte persone credono che sia costituito da oscena e violenta gutturale anti-bianca e anti-femminile. Alcuni di questi sì. La maggior parte no. Alla maggior parte degli ascoltatori bianchi non importa; sentono voci nere in una litania di malcontento e sintonizzarsi. Eppure il rap gioca lo stesso ruolo di Bob Dylan nel 1960, dando voce alle speranze e alle angere di una generazione, e un sacco di rap è una scrittura potente (Wikipedia, 2006).

Michael e Miranda Claes dell'Università di Montreal hanno studiato 350 adolescenti bilingue e hanno scoperto che coloro che ascoltavano rap in lingua francese avevano maggiori probabilità di usare droghe, commettere più crimini di strada ed essere in bande di strada rispetto a coloro che ascoltavano rap in lingua inglese. Lo studio controllava l'esposizione ai media violenti e all'influenza del gruppo di pari e tutti i soggetti erano bilingue. Hanno anche dichiarato che gli adolescenti che ascoltavano american Rap erano meno propensi a commettere furti rispetto a quelli che ascoltavano 'Gangster' Rap; ma gli appassionati di Rap 'Gangster' erano meno propensi ad appartenere a una banda. I ricercatori credevano che i risultati fossero dovuti all'hip-hop o all'anima in lingua inglese che raffiguravano uno stile più edonistico che celebrava il lusso e le imprese sessuali.

Pamela Hall (1998) ha esaminato gli effetti del contenuto lirico da diversi tipi di musica rap; ipotizzando che alcuni tipi di Rap sarebbero più propensi a influenzare il comportamento dei bambini rispetto ad altri tipi. I quattro sottogeneri esaminati erano Gangsta Rap, Hip Hop, Political Rap e Popular (o commercial) Rap. Sono state confrontate due fasce d'età: quindici bambini di 7-9 anni e quindici ragazzi tra i 10 e i 12 anni sono stati testati per il riconoscimento e il richiamo della memoria dopo aver ascoltato canzoni di ciascuno dei quattro sottogeneri, quando gli è stato chiesto di dire allo sperimentatore di cosa trattavano le canzoni. Gli sperimentatori hanno scoperto che il gruppo più anziano di 10-12 anni ha ricordato più canzoni del gruppo più giovane. L'analisi del chi quadrato ha rivelato che i bambini più piccoli erano altrettanto propensi a comprendere il Rap commerciale come i bambini più grandi (principalmente perché è più probabile che venga riprodotto alla radio commerciale rispetto agli altri sottogeneri); al contrario, i bambini più grandi erano più propensi a comprendere gli altri sottogeneri rispetto ai bambini più piccoli. Semmai, Gangsta Rap (come Death o Black Metal) avrebbe probabilmente meno effetto sul comportamento dei bambini se è meno probabile che venga compreso dai bambini più piccoli. Ed entrambi i generi sono stati compresi dai bambini in termini di indipendenza e ribellione, piuttosto che il messaggio reale (Hall, 1998:2)

Un'altra scrittrice, Geneva Smitherman (1997) ha fatto luce sui testi di Rap e Hip Hop: anche se non era d'accordo con il livello di violenza, sessismo e misoginia nei testi, ha sostenuto che le pratiche di comunicazione offrivano "un testo di resistenza contro il razzismo dell'America bianca e il suo dominio culturale eurocentrico" e ha fornito messaggi politici e morali nel testo (p4). Spesso, le parole percepite negativamente nelle culture europee sono considerate in modo diverso nella comunità afroamericana. Per esempio, "essere giù" in AAL (lingua afroamericana) significa essere "su" per qualcosa; essere "phat" significa essere "cool", non "grasso" come in sovrappeso (p10).

La parola (non scritto come nigger) significava i suoi amici o amici, il marito, il fidanzato o l'amante di una donna afroamericana, il fidanzato o l'amante, chiunque agisca; o di delimitare "nero" (culturalmente radicato) dagli afroamericani "bianchi" (culturalmente assimilati) – questi sono tutti esempi di "script flipping"; o l'inversione semantica dei significati delle parole in EAL (inglese americano europeo) vernacolare (p11).

CAPITOLO 5: 'MANGIA I RICCHI' - POPULAR VERSUS HIGH CULTURE PERSPECTIVE

Anche se molti generi orientati alla gioventù sono sotto tiro, non tutta la musica 'lowbrow' è necessariamente apprezzata dai giovani, eppure è ancora sotto tiro più della musica 'highbrow'. La prospettiva del "capitale culturale" può far luce su questo fenomeno. Bourdieu ha coniato il termine "capitale culturale" per spiegare come i beni "esprimono" le differenze di classe e come i gruppi li usano per rivendicare il loro posto nella società. Sosteneva che le classi gareggiavano l'una contro l'altra, usando le merci come armi. Il risultato è una "tensione" tra i "beni distinti" e la disdazione che minaccerebbe il loro status sociale (che può aiutare a spiegare alcune delle controversie sulle forme di musica che le élite di solito vedono come "di classe bassa") (Corrigan, 2004).

Bordieu ha inoltre sostenuto che il capitale culturale differiva dal capitale economico (cioè proprietà, proprietà) – entrambi erano capitali, ma il capitale culturale è stato "consumato in modo corretto e apparente" ed è legato all'istruzione (Corrigan, 2004:26-7). Corrigan usa brevemente la musica per sostenere l'idea di Bordieu che uno determina la posizione sociale dell'altro; e che molte pratiche si verificano in combinazione tra loro. Bordieu aggiunge poi che il consumo di alcuni beni (ma non di altri) è un segno di distinzione (o una sua mancanza) (Corrigan, 2004). Di conseguenza, le divisioni tra le classi sono associate alle divisioni tra i generi highbrow e lowbrow (come la musica classica e pop), e anche il conflitto all'interno della classe (come Heavy Metal rispetto agli altri generi lowbrow come Rap o Pop).

Corrigan (2004:32) aggiunge che il capitale culturale è un modo per "orientare l'incontro sociale", "incoraggiare relazioni ben abbinate" e "scoraggiare quelle discordanti", nonché il prodotto di una lotta di classe. Riunisce le persone "sposando i colori e le persone". Sternheimer (2003) ha dichiarato che generi come il rap, il punk e l'heavy metal aiutano i giovani a costruire identità e a formare alleanze di gruppo, oltre a parlare alle loro emozioni; anche se "offende la sensibilità" e mette in difficoltà la natura del potere e dell'autorità.

Spesso le divisioni tra cultura popolare e alta si manifestano attraverso preoccupazioni circa i generi "lowbrow" che sono una cattiva influenza sui bambini. Sternheimer ha sostenuto che queste "preoccupazioni" erano "tentativi mascherati di condannare i gusti e le preferenze dei gruppi sociali meno potenti". Al contrario, l'intrattenimento che si adatta alla cultura "alta" (l'opera, il balletto o le orchestre sinfoniche) è più prezioso della cultura popolare e non ha subito questo esame. Quindi, è più socialmente accettabile mettere giù i gusti degli altri, che criticarli direttamente (Sternheimer, 2003:8-9).

Gli adesivi di avvertimento sono un esempio in cui la musica "inappropriata" o lowbrow è delimitata dalla musica "appropriata" o highbrow (dove non si trovano troppi di questi adesivi). Eppure, censurare la musica e spingerla sottoterra ha un payoff inaspettato : questi adesivi diventano anche un "badge of honour" tra le scene Heavy Metal e Rap, la musica diventa divertente e può essere riprodotta a buon mercato (a buon mercato) utilizzando la tecnologia moderna.

Tuttavia, non tutti gli studi menzionati in questa relazione hanno sostenuto la dicotomia "snob-to-slob" di Bordieu, e alcuni di questi si trovano nella sezione successiva.

CHA-CHING!

TALKIN'
TO
ME?
BLING
BLING

USA IL TUO CERVELLO: STUDI PASSATI E LETTERATURA ACCADEMICA A SOSTEGNO DELLA 'POPOLARE VS. ALTA CULTURA' PERSPECTIVE

Sia Corrigan (2004) che Sternheimer (2003) hanno sostenuto che le divisioni tra cultura popolare e alta influenzano ciò che i gusti adottano persone di diversa base sociale. Tuttavia, la loro letteratura supportava per lo più una dicotomia "snob-to-slob" e si concentrava sulle persone provenienti dall'estero, piuttosto che localmente.

Mentre riconoscevano l'ipotesi di Gans (1967, 1974) che esistessero "culture del gusto" e "taste publics" quando sceglievano prodotti con qualità simili, Bennett e colleghi (1999) hanno suggerito che la musica andasse oltre un semplice spettro "snob-to-slob". Le loro scoperte di partecipanti australiani hanno sostenuto un modello di "univores/omnivores" culturale (un termine preso in prestito da Peterson e Simkus", 1992), dove gruppi di status più elevati apprezzavano una più ampia varietà di generi rispetto ai gruppi di status inferiore. Al contrario, i gruppi di status più bassi avevano preferenze più limitate ed erano più propensi a difenderli (come fanno entrambi i fan di Heavy Metal e Rap). Peterson ha coniato questo concetto come "onnivori ideali", dove si impara ad apprezzare più generi e si sviluppano "sapori culturali più alti". Al contrario, alcune persone sono considerate "onnivori lowbrow" se gli piacevano generi musicali più commerciali o lowbrow e uno o due generi 'superiori'. Nello stesso studio, due partecipanti hanno ammesso di gradire di più Heavy Metal/Hard Rock (come Def Leppard o Metallica) accanto al rock commerciale "middle of the road" (come Icehouse o David Bowie) e alla musica classica (come Mozart).

I risultati complessivi di Bennet et al aiutano a valutare chi era più probabile che piace a Heavy Metal, ma non danno molte informazioni sul perché (tranne dove un fan ama sia Mozart che Metallica per motivi tecnici). I risultati hanno anche suggerito che l'avversione per i metalli pesanti ha attraversato le barriere di età, genere e classe: nel campione complessivo il 48,3% di tutti i partecipanti ha dichiarato di gradirlo meno); Il 51% delle donne intervistate e il 41% degli intervistati di sesso maschile hanno dichiarato di gradirlo meno), nessun partecipante sopra i 35 anni ha dichiarato di essere favorevole alla musica; e il 58% dei dirigenti e il 55% dei professionisti ha dichiarato di non gradirlo di più rispetto al solo 38% dei lavoratori manuali. Le differenze di età nell'indagine di Bennet et al (1999) possono spiegare alcuni dei conflitti tra i giovani fan degli Heavy Metal e i loro genitori (sostenendo così l'argomento Fear of Youth), ma non riescono a considerare le esperienze dei fan più anziani.

I risultati nella tabella 7.3 del testo di Bennet e colleghi mostrano le preferenze di genere per i generi musicali (Bennet et al, 1999:176). Le preferenze tra le partecipanti femminili includevano la musica classica leggera, i musical, la religiosi/gospel, il facile ascolto, la Top 40, l'anima e l'opera. Al contrario, i partecipanti maschi erano più propensi a preferire generi "più duri" come heavy metal, blues, rock, alternative rock, folk, techno e country. Non sono state trovate preferenze di genere per la musica classica, all'avanguardia, jazz o big band. Eppure non ci sono spiegazioni sul perché le femmine preferisino generi "più leggeri" come la musica classica o facile da ascoltare a quelli "più pesanti", una domanda che potrebbe essere risolta da ricercatori come St Lawrence e Joyner (1991), Boeglin (2000), o Dixon e Linz

(1997).

I risultati di Bennett et al(1999) sostengono la prospettiva del "capitale culturale", indicando che il Heavy Metal è il meno popolare tra coloro che si occupa di professioni manageriali e professionali e il più popolare tra coloro che fanno lavori manuali. Non ci sono spiegazioni dietro questi modelli di distribuzione, solo che suggeriscono che gli appassionati di heavy metal avrebbero in media meno accesso alle risorse economiche, politiche e sociali rispetto ai non-Metallers, e quindi meno influenza sull'agenda pubblica.

Viaggio al cervello: Quantitati effettivive Studi che collegano il Brain, Thdovrebbe, Comportamento e Preferenza Musicale

Personalmente mi sono piaciuti di più questi studi. Questo non solo perché hanno mostrato risultati e conclusioni tratte che concordavano con la mia narrazione (di cosa significa essere un fan del metal): ma hanno illustrato più di una semplice relazione "causa-effetto" tra il proprio genere musicale e il loro comportamento, controllando eventuali altri fattori probabili.

Took e Weiss (1994) hanno sostenuto che c'era una relazione causa-effetto tra Heavy Metal (e Rap) e "turmoil" adolescenziale (come manifestato da scarsi voti scolastici, problemi comportamentali, attività sessuale, uso di droghe e alcol e problemi legali). Hanno testato questa ipotesi esaminando le differenze nei problemi comportamentali di coloro che hanno apprezzato l'Heavy Metal e il Rap (HM/R) e di coloro che hanno apprezzato l'altra musica ('altro'). Dopo un primo esame, Took e Weiss hanno scoperto che il gruppo HM/R aveva maggiori probabilità di avere più problemi comportamentali rispetto all'altro gruppo; ma dopo aver controllato il genere e "bilanciato" i gruppi (rimuovendo le partecipanti femminili dal gruppo "altro"), hanno scoperto che il genere e i voti della scuola primaria poveri sono i principali fattori che contribuiscono (poiché i ragazzi adolescenti erano più propensi a impegnarsi in comportamenti distruttivi o aggressivi rispetto alle ragazze adolescenti).

Questi risultati hanno sostenuto studi passati di Wass (1998-9) che ha scoperto che più maschi che femmine amavano il heavy metal; e Roe (1987) che ha scoperto che i voti scarsi nella scuola primaria significavano che i giovani erano più propensi a scegliere generi musicali socialmente disapprovati. I risultati hanno anche sostenuto il concetto di Erickson (1963) di "industria contro inferiorità" fase di sviluppo, dove scarso rendimento scolastico porta i bambini a sentirsi scoraggiati e cercare altri modi per aumentare la loro autostima e il senso di appartenenza.

McNamara e Ballard (1999) hanno suggerito che la ricerca di sensazioni (come caratteristica della personalità) era legata sia all'interesse per la musica più "allegra" che al comportamento antisociale. Le variabili includevano la percezione della musica come 'eccitazione' o 'rilassante', un interesse per la musica più eccitante (come Heavy Metal), partiture sulla Sensation Seeking Scale (SSS Form IV) di 'uckerman e colleghi (1978), misure fisiologiche come la frequenza cardiaca e la pressione sanguigna, punteggi sulla scala Pd (Scala 4) sull'MMPI-2 (che misura il comportamento antisociale (come il furto, la salute sessuale e l'eccesso di alcol).

Hanno scoperto che l'interesse per la musica più eccitante era correlato con una diminuzione dell'eccitazione a riposo (attività cardiovascolare) negli uomini ma non nelle donne. McNamara e Ballard (1999) hanno suggerito che fattori contestuali, come le percezioni dei generi musicali maschili o femminili o la necessità per le donne di godere di una musica meno stimolante per raggiungere livelli di eccitazione ottimali, potrebbero aver influenzato i risultati. Mentre lo studio era limitato dalla dimensione del campione e dagli studenti universitari, ha scoperto che il fattore di confusione è un minore eccitazione a riposo o una ricerca di sensazioni (come tratto comportamentale o di personalità) era legato sia al comportamento antisociale che al godimento di musica più eccitante. Questi risultati possono aiutare a porre a riposo le affermazioni che generi come Heavy Metal porta a comportamenti antisociali; e suggerire che le opportunità di impegnarsi in sport "estremi" e ascoltare musica più eccitante potrebbero effettivamente ridurre la necessità di comportamenti antisociali.

Ballard e colleghi (1999) tentarono di svelare i miti che circondavano Heavy metal e Rap. I partecipanti dovevano decidere se i testi scritti (presentati come affissi come il sesso, l'uso di droghe o il suicidio, o temi prosociali come la responsabilità sociale o l'ambientalismo) fossero Rap, Heavy Metal, Country o Pop. I partecipanti ritenevano che il contenuto antisociale nella musica metal e rap fosse meno propenso a ispirare comportamenti pro-sociali (ma non incitare comportamenti antisociali) rispetto, ad esempio, alla musica pop o country. Hanno concluso che le percezioni dei soggetti (dove i testi ispirano comportamenti antisociali) potrebbero essere dovute alle rappresentazioni mediali di artisti rap e metal (o fan) impegnati in atti antisociali.

Inoltre, i ricercatori hanno anche suggerito come certe narrazioni (qualsiasi percezione mediatica, per esempio) significherebbero che gli ascoltatori sono trattati in modo meno favorevole: ad esempio, come adolescenti, hanno maggiori probabilità di avere il loro comportamento monitorato dai loro genitori rispetto a quelli che non ascoltano questi generi. Ballard et al ha ammesso che il loro studio non aveva abbastanza partecipanti che amavano il rap o il metallo, più partecipanti di questi gruppi avrebbero garantito risultati diversi.

Carrie Fried (2003) ha anche esaminato gli stereotipi dei fan di Heavy Metal e Rap, ipotizzando che la gente avrebbe visto i fan dei Heavy Metal come "autodistruttivi", i fan del rap come "una minaccia per gli altri" e che i fan del rap differiranno per razza e status socio-economico dai fan dei Heavy Metal (cioè sarebbero considerati come parte di un "fuori gruppo"). Ha usato la cornice "corruzione" di Binder (per esaminare gli stereotipi dei fan dei Heavy Metal) e la cornice "pericolo per la società" (per esaminare gli stereotipi rap), poiché i media spesso raffiguravano artisti e fan heavy Metal come comportarsi in modo autodistruttivo (come prendere droghe o suicidarsi), e i fan del rap (soprattutto se sono giovani, neri e maschi) come coinvolti in crimini, droghe e bande.

I seguenti risultati hanno indicato che i partecipanti hanno visto i fan del rap come una minaccia per la società (e come parte di un 'out-group'), i fan dei Heavy Metal come una minaccia per se stessi, sia Rap che Heavy Metal come avere un'immagine (ma Heavy Metal più), i fan dei Heavy Metal come con caratteristiche di personalità 'negative', ma nessuna differenza tra i gruppi in termini di caratteristiche familiari. Le implicazioni erano che i fan di Rap e Heavy Metal sarebbero stati trattati in modo diverso dai non-fan da parte dell'assistenza sanitaria, dell'istruzione e delle istituzioni legali.

Per esempio, un giovane accusato di omicidio ha ascoltato la musica rap – questo non ha funzionato a suo favore. Oppure un ventilatore Heavy Metal sorpreso a fumare erba sarebbe più probabile che venga inviato in un impianto di trattamento farmacologico rispetto a un non-metaller (Fried, 2003).

Lo studio sul campo di Donna Deyhle (1999) sugli adolescenti nativi americani, 'From Break Dancing to Heavy Metal', ha mostrato come gli ascoltatori di Heavy Metal e Rap sono stati trattati in situazioni di vita reale esaminando i giovani membri delle comunità Navajo e Ute. Mentre i Navajo e gli Utes soffrivano di molte forme di svantaggio sociale, gli studenti "best-off" amavano il "soft rock" (pop) - Deyhle la definì "la performance di maggioranza". Si sono comportati bene a scuola, sono stati coinvolti in attività sportive o extra-curriculari, hanno avuto un forte interesse per le loro usanze e hanno subito le loro cerimonie tradizionali. Consideravano il "soft rock" come "la roba giusta", vedevano la musica country come "per gli hicks", non gli piaceva il rap e non avevano simpatia per gli Head Bangers.

I fan del Rap nello studio di Deyhle hanno visto la musica come un modo per combattere il razzismo e raggiungere l'equità con i ragazzi bianchi (Deyhle, 1998:3); come 'diverso e fresco', come forma di competizionetribale, come un modo 'per mostrare quei 'bianchi', per comunicare la solidarietà culturale, abilità, autostima e assertività alla loro posizione sociale, e per ottenere una possibilità di successo, fama e denaro (Deyhle, 1998:5-6). Eppure sono stati ignorati dalla giuria per lo più "bianca" quando partecipavano a missioni di talento scolastico, non graditi da "jocks" e altri studenti "popolari", e hanno attirato la preoccupazione del personale docente (che pensava di doversi concentrare di più sul loro lavoro). Di conseguenza, vedevano la scuola come poco rilevante nella loro vita, e gli piaceva l'Heavy Metal più tardi (Deyhle, 1999).

In contrasto con i fan pop nello studio di Deyhle, i fan dei Heavy Metal non si sentivano collegati né alle loro comunità né alla scuola o a quella anglosassone più ampia. Sono scesi dentro e fuori dalla scuola superiore, erano disattenti in classe e hanno eseguito mediamente a poveri accademicamente.

I fan hanno anche sopportato ogni giorno un trattamento meno favorevole da parte dei loro coetanei non-Metal (anche altri nativi) chiamandoli strambi o la musica 'mal di testa' musicale; sono stati salvati presso le assemblee scolastiche insegnanti per non vestirsi in modo appropriato (p9); e accusati dalla polizia di abuso di droga, criminalità locale e satanismo se indossavano nero (anche se non gli piaceva Metal). Di conseguenza, i fan si ribellano non partecipando alla classe, indossando nero, eseguendo danze pubbliche e ritirandosi dalla comunità più ampia (p8). Tuttavia, godevano di legami più stretti con i loro genitori e nonni rispetto a quello di cui godevano i loro coetanei non indiani (p10).

Mentre questo era un microcosmo sia del più ampio Heavy Metal (o Rap) e delle comunità dei nativi americani, illustra un punto molto saliente. Deyhle ha dichiarato che altre persone (anche all'interno delle loro comunità) hanno attribuito le scarse prestazioni scolastiche di questi ragazzi a "scelte povere", piuttosto che alle politiche o alle pratiche di molte istituzioni educative statunitensi che sentiva non considerava né le esigenze dei nativi americani né dei fan dei Heavy Metal. Questo studio si presta bene alla narrativa "Intersectionality", in questo caso l'intersezione tra razza e classe, e il suo rapporto con la propria scelta musicale.

POSSIBILI REASONS PERCHÉ ALCUNI GENERI MUSICALI SONO PIÙ POPOLARI DI ALTRI

Questo mi porta ad un'altra serie di concetti, di musica complessa contro semplice, e di musica 'sicura' e 'pericolosa' (Levitin, 2006) che può o non può tenere conto del gusto personale – indipendentemente da fattori come la razza o la classe.

Musica Semplice Ecomp Lex (Ipotesi U Invertita)

La maggior parte delle persone (almeno nelle società occidentali) inizierà a gradire la musica semplice, e man mano che i loro gusti cambiano, lentamente si a abituano a melodie più complesse e impareranno ad apprezzarle, ma se la melodia che stanno ascoltando è troppo complessa, allora l'ascoltatore può decidere che non sono affatto interessati, e quindi 'spegnere'. Se si dovesse tracciare il proprio gradimento per un particolare tipo di musica doveva apparire su un grafico, con la complessità di una melodia sull'asse 'X' (orizzontale) e il loro gradimento per esso sull'asse 'Y' (verticale), troveranno che il loro gradimento per esso raggiungerà il picco e poi diminuire (in particolare quando si raggiunge una certa soglia) – proprio come un invertito-U o invertito-V (Levitin, 2006). Questo può spiegare perché i bambini e i bambini piccoli come le filastrocche, ma man mano che i bambini sono cresciuti e si sviluppano, è probabile che apprezzino tipi di musica più complessi (come i jiingles utilizzati negli annunci televisivi e radiofonici o nelle canzoni pop), ma potrebbero non capire qualcosa di più complesso (come il classico o l'heavy metal) fino a quando non vengono introdotti in seguito.

Molti fattori, come i cambiamenti di velocità, passo o volume, così come la facilità di comprensione, possono contribuire alla complessità della musica - qualcuno che vuole rilassarsi può ascoltare qualcosa che è costantemente 'morbido' e lento, mentre qualcun altro potrebbe voler lavorare in palestra o andare a fare jogging, in modo da scegliere qualcosa di più coerentemente ottimista e ad alta energia (Levitin, 2006)..

'Sicuro' Contro 'Dangerous' Music

Un altro fattore che determina quanto bene le persone prendono per l'indo alleno è il fattore 'sicurezza', secondo Levitin (2006): ascoltare canzoni nuove e sconosciute è molto simile a provare qualche nuovo tipo di cibo. Cita la bacca come esempio: se si prova il lampone e ha un sapore bello ed è maturo (ma non troppo maturo al punto di marcire), è probabile che si proverà un lampone o una mora o qualcosa di simile in futuro. E se si ha una brutta esperienza con un particolare tipo di cibo, come alcuni tipi di verdure - broccoli e zucche sono due esempi - le probabilità sono, non piacerà e non vogliono consumarlo in seguito. Per esempio, uno potrebbe essere stato servito zucca bollita e può avere puzzato, e quindi non si vuole mangiare, ma, se hanno zucca arrosto, è probabile che sarebbe odore (e si spera gusto) molto meglio.

Levitin lo paragona anche a un viaggio su strada: come affidare all'autista di portarti da un posto all'altro, ti fidi che il musicista ti porti da una nota, un verso, un ritornello, una pausa di piombo e così via fino a raggiungere la fine della canzone. Il compositore poi ti culla in uno stato di 'fiducia e sicurezza', e poiché la musica è familiare, si sente un senso di luogo e di sicurezza.

Tuttavia, alcune persone amano un elemento di sorpresa per la loro musica proprio come avranno un senso di avventura e godere l'emozione della scoperta quando si visita un luogo sconosciuto. Infatti, alcune persone amano prendere questi rischi così tanto che prenderanno una strada meno percorsa, e anche l'autostop da un luogo all'altro. Vengono anche ad anticipare l'indo alleno. Altre persone non prendono così gentilmente a queste sorprese e andrà in modalità panico se succede qualcosa di 'awry'. Per esempio, la canzone potrebbe fermarsi inaspettatamente nel mezzo (Jailbreak degli AC/DC), avere pause di piombo eccessivamente lunghe o cambiare la melodia inaspettatamente (Rime of the Ancient Mariner di Iron Maiden o 'At War with Satan' di Venom), o accelerare verso la fine (Black Sabbath's 'War Pigs'), facendo così chiedere all'ascoltatore cosa sta succedendo.

E qualcosa di simile accade quando si ha il via ad ascoltare nuovi tipi di musica: l'ascoltatore è aperto a sentire qualcosa di nuovo, tale è un messaggio diverso a cui "si connetteranno e quindi "deligheranno le loro difese". A loro volta, sperano che il compositore non "sfrutti le loro vulnerabilità" non urlando nel microfono, suonando aggressivo, o dicendo qualcosa di grossolano o volgare nei loro testi. Mentre Levitin (2006) ha citato Wagner (un musicista classico) come un esempio (per le sue presunte tendenze 'antisemite'), potrei facilmente fare una serie di band Black Metal con contenuti simili: Burzum, Mayhem, Impaled Nazarene, Bulldozer, ecc.

E 'molto probabilmente questo tipo di band consiglierei a persone che non hanno problemi a distinguere la fantasia dalla realtà; e non a coloro che sono facilmente innescati né facilmente influenzati. Tuttavia, ho sentito parlare di persone che vengono 'innescate' ascoltando 'Baby, it's cold outside' (l'ultima versione è di Michael Bublé) (McMahon, 2018) con la stessa facilità con cui potrebbero essere state da qualsiasi canzone di Cannibal Corpse, Bulldozer o Pungent Stench, anche se la prima traccia sarebbe più 'piacevole' per le orecchie della maggior parte degli ascoltatori di qualsiasi altra.

Tuttavia, ci si deve chiedere se la canzone riguardasse davvero qualcuno (un uomo) che approfitta di un'altra persona in una posizione più debole (una donna) di quanto non lo siano manipolandoli a fare qualcosa che sono riluttanti a fare. Ma secondo il giornalista Jim Duffy (2018) canzone era intorno nel 1940, le cose erano molto diverse per le donne, ed è stato malvisto per le donne di pernottare a casa di un amante. Quindi, la canzone è stata presa fuori contesto o no? La mente vaczza su come queste persone reagirebbero se dove dove dove dovese ascoltare '22 Acacia Avenue' di Iron Maiden o 'The Cave' di Bulldozer? Sarebbero crollati.

PARTE III:
I miei studi e metodi

CAPITOLO 6: I MIEI STUDI E METODI

ASTRATTO

Questa tesi esamina le differenze nel modo in cui i generi musicali vengono trattati e perché. Uno studio sui dati di classificazione di ARIA e AMRA che confronta la musica Heavy Metal, Rap e Dance ha rivelato differenze nei livelli di classificazione (indicati da un adesivo di avvertimento) tra i tre generi: con modelli di distribuzione simili per i livelli di classificazione tra il 2001 e il 2003 e prima del 2001. Uno studio sul contenuto lirico delle canzoni Heavy Metal e Rap ha rivelato differenze tra i tipi di riferimenti e i temi delle canzoni controverse in base al genere. Un'ulteriore analisi di sei dei testi più controversi ha rivelato differenze e somiglianze tra i due generi, dando così al lettore una visione dei significati di queste canzoni esatte.

CODICI DI CONDOTTA PER L'ETICHETTATURA ARIA E AMRA PER LE REGISTRAZIONI AUDIO IN AUSTRALIA

Dopo il panico morale negli Stati Uniti per l'etichettatura di materiale audio, l'Australian Recording Industry Association (ARIA) e l'Australian Music Retailers' Association (AMRA) hanno introdotto un codice di condotta per etichettare le questioni della censura e fornire indicazioni su come i membri dovrebbero operare. Sono le organizzazioni responsabili della produzione, distribuzione e vendita di registrazioni audio (CD, nastri e dischi), che servono una funzione simile alla Recording Industry Association of America (RIAA). Il Codice si basa su un Codice di Classificazione Nazionale relativo alla classificazione di film, pubblicazioni e giochi per computer, e mira a bilanciare gli interessi di consumatori, artisti, società discografiche e rivenditori (Australian Record Industry Association, 2003a).

Il Codice afferma che si basa sui seguenti principi: la libertà degli adulti di ascoltare ciò che vogliono; libertà di espressione degli artisti; diritto delle imprese discografiche e dei rivenditori di musica di pubblicare registrazioni audio al pubblico; e il diritto dei consumatori di sapere quali prodotti sono offensivi o inadatti ai minori; considerando anche gli standard di moralità, decenza o correttezza accettati dagli adulti ragionevoli; il merito letterario, artistico o educativo dell'oggetto; il carattere generale dell'articolo (compreso se è di valore medico, giuridico o scientifico); e le persone o i gruppi a cui intendevano (Australian Record Industry Association, 2003a).

Il codice di condotta dell'etichettatura ha anche una serie di linee guida che indicano come i membri ARIA e AMRA devono classificare ed etichettare gli elementi (i membri AMRA devono classificare ed etichettare gli elementi non provenienti dai membri ARIA). In caso di insodria di cosa fare o se si ricevono reclami su una decisione di classificazione, i membri possono deferire il problema alla sottocommissione per l'etichettatura ARIA per l'indagine. Se non sono stati risolti, possono deferire la decisione al difensore civico del codice di condotta per l'etichettatura. A differenza delle etichette parental Advisory della RIAA, ci sono quattro livelli di classificazione e adesivi (Ibid).

Immagine 6: Immagini c/o ARIA (Industria di registrazione australiana Associazione

I prodotti di livello 1 hanno un linguaggio aggressivo o forte e grossolano, o i temi hanno un impatto moderato (forza di effetto sull'ascoltatore), con riferimenti o "temi" (problemi) legati all'abuso di droga, alla violenza, al sesso. Hanno adesivi in bianco e nero che dichiarano: "Attenzione – Impatto moderato, linguaggio grossolano e/o temi"

Livello 2 I prodotti hanno un linguaggio aggressivo o forte e grossolano; o temi di forte impatto o descrizioni dettagliate del consumo di droga, della violenza o dell'attività sessuale. Hanno etichette bianche e blu che indicano: 'Attenzione – Forte impatto, Linguaggio grossolano e/o temi.

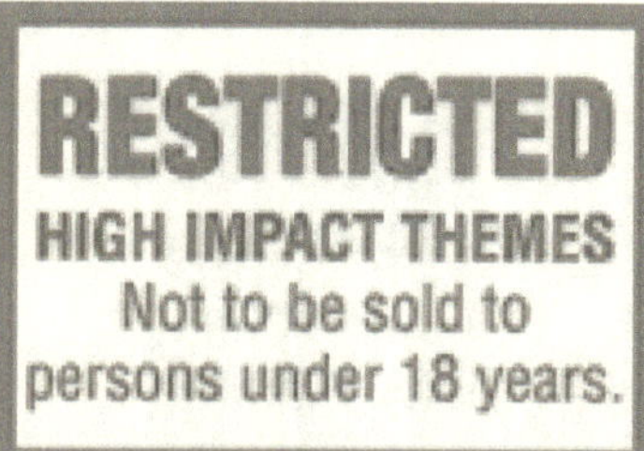

I prodotti di livello 3 hanno descrizioni grafiche di abuso di droga, violenza, attività sessuale o temi molto forti, con un alto grado di intensità e impatto. Essi richiedono una prospettiva adulta e non devono essere venduti a coloro che hanno meno di 18 anni. Il prodotto ha un'etichetta rossa e bianca che afferma: "Restricted: High Impact Themes – Not to be sold to persons under 18 years".

I prodotti che superano il livello 3 non devono essere rilasciati o distribuiti dai membri ARIA o venduti dai membri AMRA. Possono contenere testi che promuovono, incitano o sfruttano (sminuire o abusare di esseri umani o animali per il godimento degli altri) o sono gratuiti (ingiustificati o non opportuni). I temi includono attività che causano disgusto o indignazione alla maggior parte degli adulti: abuso di droga, crudeltà, suicidio, violenza criminale o sessuale, abuso di minori, incesto, bestialità o qualsiasi altra attività rivoltante o aberrante (Australian Record Industry Association, 2003b).

oh dear

CAPITOLO 7: STUDIO 1 - SONDAGGI DI VALUTAZIONE

Un'indagine in due parti è stata condotta su adesivi di avvertimento collocati su CD, dischi e cassette. Lo scopo è quello di vedere come i generi musicali sono etichettati: registrazioni classificate (o riclassificate) tra il 2001 e il 2003 date etichette per i livelli 1-3; o registrazioni classificate prima del 2001 che soddisfano i criteri di classificazione Tier 1 o Tier 2 (Australian Record Industry Association, 2001). La prima parte fa parte del recente sistema di classificazione della musica in cui vengono utilizzati quattro livelli, in vigore dal 2001 (Australian Record Industry Association, 2003b). La seconda parte fa parte del precedente sistema di etichettatura a due livelli (prima del 2001). La musica pesante (tra cui Metal, Punk e Hard Rock), la musica rap e dance (incluso Techno) sono state confrontate. I risultati complessivi per le categorie di classificazione e per genere sono stati confrontati anche nel tempo per la parte 2.

Ipotesi

È stato ipotizzato che più musica "pesante" e registrazioni di musica rap sarebbero state probabilmente prese di mira per la censura (e 'adesivo'); e classificati ai livelli 2 e 3 rispetto ad altra musica. Anche la musica "pesante" e rap era più probabile che i membri dell'ARIA e dell'AMRA aevolevano contenuti discutibili e che erano soggetti a reclami dei consumatori. Per testare queste ipotesi, sia 'Heavy' che rap sono stati paragonati alla musica Dance (compresa techno).

Methods

Sono stati raccolti elenchi di prodotti classificati o riclassificati nel 2003. Questi prodotti hanno soddisfatto i criteri di livello 1 (moderato), livello 2 (forte) e livello 3 (limitato). I Tallies sono stati presi di 'Heavy', Rap e Dance music. I risultati sono stati calcolati con il software Ms Excel (foglio di calcolo). I poligoni di frequenza sono stati utilizzati per indicare i numeri appartenenti a ciascun genere e classificazione.

Risultati

I risultati sono stati i seguenti:

Livelli Di Classificazione Complessivi

Secondo la tabella di cui sopra, gli elementi che si adattano ai generi 'Heavy', Rap e Dance ammontavano a 250. I risultati complessivi (indipendentemente dal genere) sono stati 191 articoli classificati al livello 1, 53 classificati al livello 2 e 6 al livello 3.

Totali Di Genere

L'ipotesi di musica 'Heavy' sarebbe più probabile essere mirati è stato sostenuto - un totale di 191 registrazioni di musica 'Heavy' è stato trovato con un adesivo di avvertimento a qualsiasi livello. Seguono Rap a 53 e Dance a 17.

Subtotali Classificazione

Livello 1 – Moderato Impact

Il numero totale di registrazioni è stato 191 ricevendo questo adesivo o classificazione. La musica 'heavy' ha ricevuto il maggior numero di 100 articoli. Il rap ha seguito a 68 e Dance a 23. Questi risultati hanno anche sostenuto l'ipotesi che la musica 'Heavy' (e in misura minore, il Rap) fosse più probabile che fosse mirata rispetto ad altri generi come Dance – anche a un livello inferiore.

Livello 2 – Forte Impact

Il numero totale di registrazioni classificate a questo livello è stato 53. Diciassette elementi musicali "pesanti" sono stati classificati a questo livello. Ancora più oggetti rap (36) sono stati classificati a questo livello, confutando così l'affermazione che gli elementi musicali 'pesanti' erano suscettibili di essere classificati come tali. Nessun oggetto Dance trovato in questa categoria.

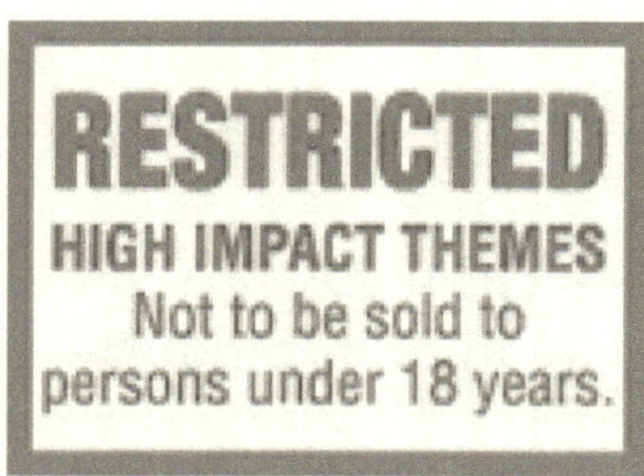

Level 3 – Limitato

Il numero totale di registrazioni classificate a questo livello era 6: sono stati trovati quattro elementi musicali 'Heavy' e 2 oggetti rap. Ancora una volta, non sono stati trovati oggetti da ballo.

Di seguito è riportato il poligono di frequenza che illustra i risultati:

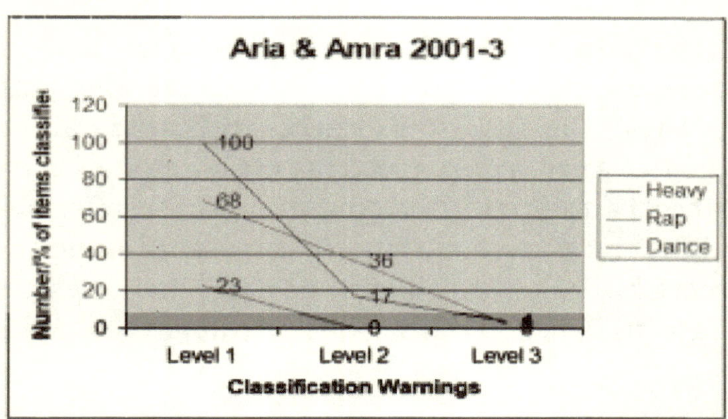

Conclusions Per La Parte 1

A prima vista, si potrebbe credere che la musica 'Heavy' è più offensiva, come c'erano più registrazioni musicali 'Heavy' in questo campione per tutti gli adesivi rispetto agli altri due generi. Tuttavia, il maggior numero di elementi Rap classificati al livello 2 indica che questo non è necessariamente il caso. Altre registrazioni musicali "pesanti" sono state classificate di nuovo al livello 3. Nessun oggetto è stato elencato in 'Oltre il livello 3'. I numeri totali per la musica dance erano relativamente pochi, e nessuno era classificato ai livelli 2 o 3, sostenendo così l'affermazione che la musica dance fosse presa di mira (cioè adesivo) meno di Metal o Rap. Un secondo studio è stato condotto per determinare eventuali differenze nel modo in cui questi generi sono stati trattati prima del 2001 e tra il 1996 e il 2001.

PARTE 2 – CLASSIFICATITRA IL 1996 E IL 2001

La prima parte ha riguardato le classificazioni tra il 2001 e il 2003, dove è stato introdotto un codice di condotta per l'etichettatura e sono state apportate modifiche alla classificazione. La seconda parte riguardava il sistema precedente (tra il 1996 e il 2001), in cui al materiale notificato ad ARIA e AMRA è stato assegnato un rating Tier 1 o Tier 2 (rispettivamente per lingue o temi moderati e più forti). Le stesse ipotesi per la Parte 1 sono state utilizzate per la Parte 2 – che 'Heavy' e la musica rap siano adesivo più della musica dance; e sarebbero come la Parte 1 con il modo in cui vengono trattati i generi. Le inserzioni sono state ottenute dal 1996 al 2001; i risultati sono stati calcolati utilizzando MS Excel ed è stato preso un poligono di frequenza, mostrando gli importi di livello 1 e di livello 2 per ogni genere (Australian Record Industry Association, 2001).

Risultati

Livelli Di Classificazione Complessivi

Un totale di 351 articoli ha ricevuto un adesivo di livello 1 o di livello 2 tra gli anni 1996 e 2001 (un periodo di cinque anni). Questa media di 70 elementi (album e singoli) ogni anno che si adattavano alle categorie 'Heavy', Rap e Dance. All'interno di queste valutazioni complessive, 301 sono stati classificati al livello 1 e 50 al livello 2. Rispetto a questo studio, lo studio 1 ha avuto un totale di 250 elementi in un periodo di 2-3 anni. Si tratta di una media di 80 voci all'anno, dieci in più rispetto al periodo precedente dal 1996 al 2001.

Totali Complessivi Di Genere

La seconda parte ha dato risultati simili alla Parte 1: più oggetti musicali "pesanti" sono stati adesivi rispetto a qualsiasi altro genere. Il numero di elementi musicali "pesanti" classificati al livello 1 o al livello 2 era 242. Seguono Rap a 85 anni e Dance at 24, sostenendo così le ipotesi che 'Heavy' e Rap music sarebbero state adesivo rispetto ad altri generi, e che ci sarebbe stato un modello simile di distribuzione nella parte 2 come sarebbe stato per la Parte 1 - che la musica pesante sarebbe stata adesivo di più, seguita da Rap e poi Dance.

Classificadei Totalisecondari

Risultato Di Livello 1

I risultati per la classifica Tier 1 sono stati 219 per la musica 'Heavy' (il punteggio più alto), 59 per il Rap (il secondo più alto) e 23 per Dance (il punteggio più basso). Il modello di distribuzione per il livello 1 era molto simile a quelli per il livello 1 nella parte 1.

Risultati Di Livello 2

I risultati per il livello 2 erano diversi da quelli per il livello 1. La musica 'Heavy' aveva un punteggio di 23, Rap – 26 e Dance – solo 1. La colonna sonora per rap era leggermente superiore a quella per la musica 'Heavy'; il fatto che più materiale Rap è stato classificato come tale sarebbe anche sostenere l'ipotesi che Rap sarebbe anche essere preso di mira.

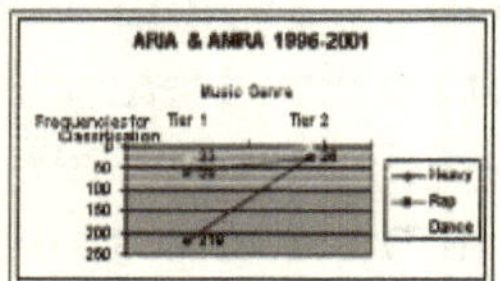

Conclusioni

Da questo studio si potrebbero trarre diverse conclusioni. Il modello generale di distribuzione per
le parti 1 e 2 era simile, con più elementi classificati a un livello inferiore a quello superiore.
Allo stesso modo, con il genere, la maggior parte
degli elementi con un adesivo montato nel genere
'Heavy' e Dance il meno. Ad un esame più attento,
però, la musica 'Heavy' aveva più adesivi di livello
o di livello 1 e Rap aveva più quelli di livello o
di livello 2, il che potrebbe sedare i timori che
la musica 'Heavy' sia necessariamente più offensiva. Al contrario, il maggior numero di adesivi
di livello 2 sugli elementi Rap suggerisce che i
temi, i riferimenti o il linguaggio in essi sono di
maggiore frequenza o hanno un impatto maggiore
sull'ascoltatore rispetto a Dance. Questi risultati
giustificano ulteriori indagini per scoprire se questi generi sono davvero offensivi, o se le lamen-
tele basate sulla percezione della musica da parte
delle persone e su chi la ascolta. Uno studio lirico
esaminerebbe i testi per i tipi e le frequenze di determinate parole o temi.

CAPITOLO 8: STUDIO 2 - STUDIO LIRICO (TEMI E RIFERIMENTI)

PURPOSE

Questo studio è stato progettato per esaminare temi e riferimenti nei testi sia per Heavy Metal che rap. Ci sono diversi motivi per cui questi generi vengono confrontati. In primo luogo, sia Rap che Metal hanno attirato la maggior parte delle polemiche. Nello studio precedente, Heavy Metal e Rap hanno attirato più adesivi di avvertimento di Techno, e Rap aveva attirato più avvertimenti di livello 2. In secondo luogo, il maggior numero di adesivi può significare più parole o riferimenti che indicano più temi antisociali che pro-sociali, che possono influenzare negativamente il comportamento e giustificare un'ulteriore censura della musica. E in terzo luogo, la controversia sia sull'Heavy Metal che sul Rap ha portato a questi due generi stereotipati in diversi modi, tra cui ciò che gli artisti dovrebbero cantare.

Le idee sono state prese in prestito dallo studio di Ballard e colleghi (1999) sul contenuto lirico e sugli effetti dell'aspettativa; e dall'articolo di Michael Bradley (2003), 'A Fine Line between Pleasure and Pain'. Il primo studio ha confrontato Heavy Metal e Rap con Pop e Country in termini di genere musicale a cui i partecipanti credevano che i testi delle canzoni appartenessero; la differenza principale con questo studio è che si concentra principalmente su Heavy Metal e Rap, e come la presenza di diversi tipi di temi o riferimenti dà origine a stereotipi associati a questi generi. Quest'ultimo articolo affermava che i partecipanti ricordavano parole più violente quando ascoltavano più canzoni con temi "violenti" rispetto a quelle "non violente"; la differenza principale con questo studio è che esamina le parole delle canzoni stesse, non le risposte dei popoli ad esse.

Quindi, la prima ipotesi di questo studio è che le parole o i temi devono esistere nelle canzoni affinché gli ascoltatori sentiranno ed essere influenzati da loro; e che gli organismi di censura interessati (cioè ARIA e AMRA in Australia) hanno motivo di censurarli. La seconda ipotesi è che i tipi di riferimenti e temi nelle canzoni variano a seconda del genere. Per esempio, Heavy Metal può rappresentare più roba sul satanismo, la morte o la morbilità, mentre Rap può rappresentare di più sulla droga o sul crimine di strada. L'obiettivo è quello di determinare il motivo o il modo in cui tali generi sono venuti ad essere stereotipati. La terza ipotesi è che i riferimenti in una canzone possono differire notevolmente al tema generale di una canzone - questa ipotesi è stata testata confrontando riferimenti (parole) con temi (ciò che la canzone era circa).

I seguenti temi e categorie di riferimento sono stati utilizzati come base di confronto: temi antisociali inclusi: violenza, linguaggio grossolano, sesso, razzismo, morte e morbilità, suicidio, occulto e soprannaturale (compreso il satanismo), negatività (disperazione o disperazione e 'dissing' o mettere giù altre persone). Tra i temi prosociali figurano: l'ambiente, i pericoli della droga e dell'alcol, i pericoli della violenza e della criminalità, l'uguaglianza economica, l'autodeterminazione (o l'orgoglio di se stessi), i termini di affetto (affetto verso gli altri), la responsabilità sociale/ giustizia (compresa l'onestà e l'integrità), la religiosità e vari temi positivi e neutri o riferimenti (come la felicità, il godimento, ecc.).

Si prevede che Heavy Metal abbia più dei seguenti riferimenti e temi antisociali: The Occult, morte e morbilità, suicidio e violenza; e che rap ha quanto segue: sesso, razzismo e droga. Non sono previste differenze per le seguenti categorie di contenuti lirici: riferimenti negativi e linguaggio grossolano.

Si prevede che Heavy Metal ha più dei seguenti riferimenti pro-sociali e temi: Religione e Ambientalismo; mentre rap ha i seguenti: autodeterminazione, uguaglianza economica, e i pericoli di droghe e alcol. Non sono previste differenze per le seguenti categorie: Termini di attività, responsabilità sociale o vari temi positivi e neutri.

METODO

I testi dei brani sono stati copiati e incollati nei documenti della sig.ra Word o salvati come documenti di testo (.txt). Tutti i testi sono stati trovati DarkLyrics.com (per Heavy Metal) o OHHLA.com (per Rap). I testi sono stati scelti se erano nella lista ARIA e AMRA Warning Sticker o avevano attirato alcune controversie in passato.

Per l'indagine di riferimento è stata utilizzata la seguente tecnica. I testi salvati come documenti di testo sono stati copiati e incollati nel menu a discesa 'Modifica' e la funzione 'Sostituisci' è stata selezionata da questo. Sullo schermo è stata visualizzata una finestra di dialogo con uno spazio vuoto digitato in 'Sostituisci' e i caratteri "p" sotto 'con'. È stato fatto clic sul pulsante 'Sostituisci tutto' e tutte le parole sono state formate in un'unica colonna. Le parole sono state evidenziate di nuovo e 'Colonne' è stato selezionato dal menu 'Formato'. Sullo schermo è stata visualizzata una finestra di dialogo in cui sono state scelte quattro colonne. 'Ordina dalla A alla z' è stato selezionato dal menu a discesa 'Tabella'; e le parole ordinate in ordine alfabetico crescente facendo clic sui rispettivi pulsanti radiali. Questo ha aiutato il lettore a determinare la frequenza di determinate parole o frasi appartenenti a categorie antisociali o pro-sociali.

Per il Theme Survey, i testi sono stati salvati come

documenti di testo o word, letti in seguito e interpretati come adatti a una qualsiasi delle categorie antisociali o pro-sociali menzionate nella sezione precedente.

I tallies sono stati presi di riferimenti e di temi e risultati complessivi sono stati calcolati sul software Ms Excel (foglio di calcolo). I grafici a torta sono stati presi di più ampie categorie di liriche (cioè antisociali o pro-sociali), mentre i grafici a linee (cioè i poligoni di frequenza) sono stati presi di categorie liriche.

RISULTATI – RIFERIMENTI

Riferimenti Antisociali

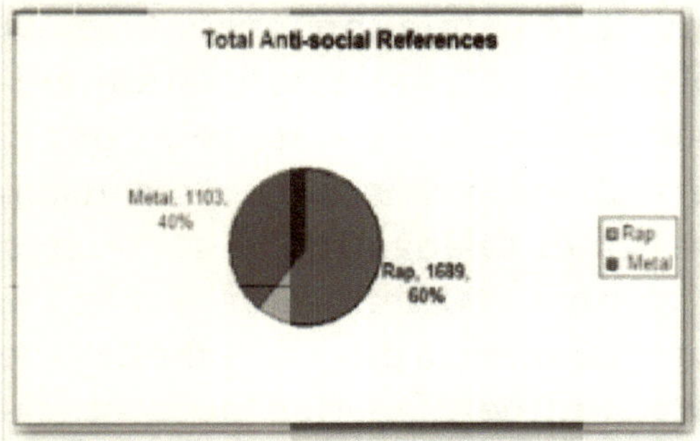

Il grafico a torta per i riferimenti antisociali totali nel campione indicava che i metalli pesanti (n.1103) rappresentavano il 40% del totale, mentre il Rap (n.1689) rappresentava il 60%.

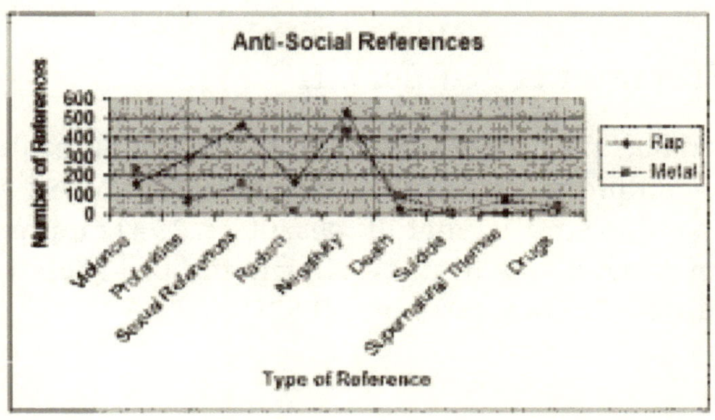

Il grafico a linee aveva indicato punteggi più alti per heavy Metal che per Rap (i punteggi sono indicati come rapporti): Violenza (232 a 162); Morte e Morbilità (da 92 a 27); Suicidio (4 a 2); l'Occult (69 a 8) e i riferimenti alla droga (46 a 26). Quanto segue è stato più elevato per rap che per Heavy Metal (i punteggi sono ancora una volta indicati come rapporti): volgarità (300 a 64); sesso (da 466 a 156); negatività (da 530 a 424); razzismo (da 168 a 16). Il grafico a linee indicava anche più riferimenti alla violenza, al sesso e alla negatività per entrambi i generi, mentre quelli per la morte, il suicidio, l'occulto e la droga erano bassi.

Riferimenti Pro-Sociali

Il grafico a torta per i riferimenti Pro-social totali nel campione aveva mostrato che Heavy Metal e Rap erano simili: i metalli pesanti (n.794) rappresentavano il 48% di tutti i riferimenti pro-sociali, e rap (n.870) rappresentava il 52%.

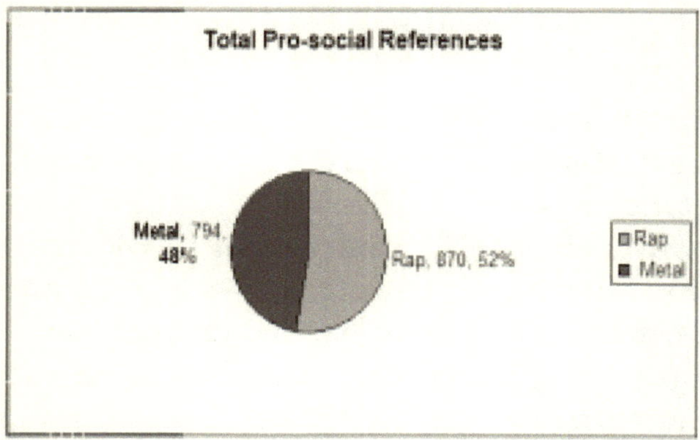

Il grafico a linee aveva mostrato punteggi più alti per Heavy Metal che per Rap: Religiosity (64 a 2); e riferimenti vari positivi e neutri (da 465 a 214).

Nel frattempo, il Rap ha avuto i seguenti punteggi più alti del metallo: Ambientalismo (37 a 36), i pericoli di violenza (7 a 0), uguaglianza economica (48 a 1), autodeterminazione (203 a 102), termini di arci (273 a 96) e responsabilità sociale (86 a 30).

Non sono state trovate differenze nei punteggi per i pericoli di droghe sia per Heavy Metal o Rap.

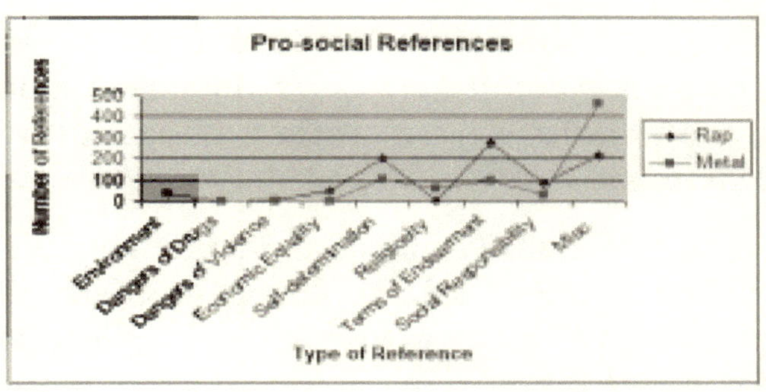

Conclusioni Per L'indagine Di Riferimento

I grafici a torta per i Riferimenti Pro-sociali totali e Totali indicavano che Rap ne aveva più di ciascuno. I grafici a linee indicavano che le seguenti categorie di riferimento erano più diffuse in Heavy Metal: violenza, morte, suicidio, soprannaturale, religiosità e vari temi positivi e neutri; e i seguenti erano più diffusi nel rap: linguaggio grossolano, sesso, razzismo, negatività, ambientalismo, pericoli della violenza, uguaglianza economica, termini di corporazione e autodeterminazione.

Nell'indagine di riferimento vi sono state diverse contraddizioni. In primo luogo, ci sono state molte parole "autode determini" (come "orgoglio" o "potere") accanto a insulti razziali (come 'nigger') in alcuni testi rap nel campione. Allo stesso modo, ci sono stati molti riferimenti sessuali e termini di arci in rap e (in misura minore) heavy metal. Questo può essere molto sconcertante per coloro che non ascoltano nessun genere o hanno poca comprensione della storia o della cultura afroamericana.

Poiché queste contraddizioni appaiono nei risultati dell'indagine (e delle canzoni), non si può semplicemente dedurre il messaggio generale della canzone semplicemente esaminando le parole in isolamento l'una dell'altra. Quindi, c'era bisogno di un sondaggio per esaminare i temi generali, e non solo le parole, nei testi.

Risultati – Temi

Le ipotesi erano come quelle dell'indagine di riferimento. Un tema è stato utilizzato per ogni canzone, i conteggi sono stati presi per ogni tema e i risultati sono stati calcolati sulla sig.ra Excel. Nel campione sono state utilizzate le stesse canzoni come nell'indagine di riferimento.

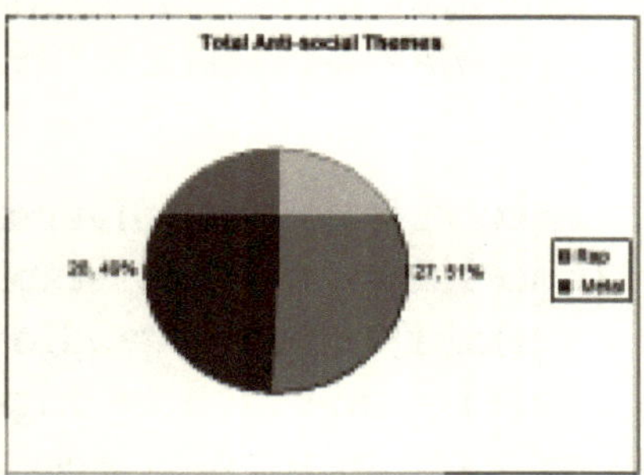

I grafici a torta indicavano percentuali approssimativamente uguali per ogni genere in entrambe le più ampie categorie di temi antisociali e pro-sociali. Di tutte le canzoni del campione, il Rap (n.27) costituiva il 51% di quelle con temi antisociali, mentre il Metal (n.26) costituiva il 49%. Di tutte le canzoni con temi pro-sociali, rap (n.22) costituiva il 49%, mentre Metal (n.23) costituiva il 51% del campione.

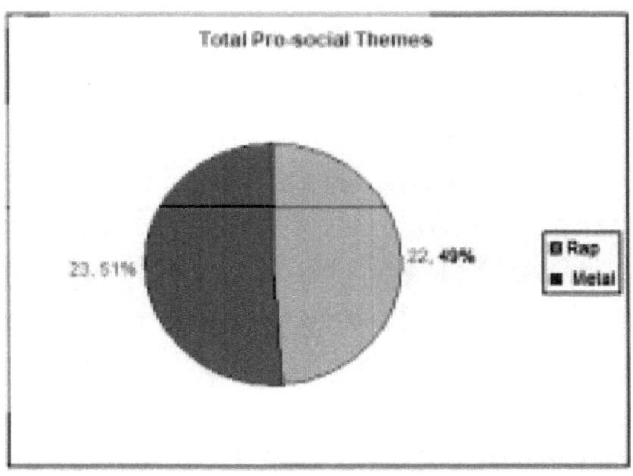

Il grafico a linee indicava che le seguenti categorie antisociali erano maggiori per il metallo che per rap: razzismo (3 a 2), negatività (5 a 2), morte (da 1 a 0), occulto (da 1 a 0) e droghe (da 4 a 0). Nel frattempo, le seguenti categorie erano più alte per rap che per Metal: Violenza (5 a 4) e sesso (18 a 8). Contrariamente all'ipotesi, rap aveva meno canzoni sul razzismo e la droga rispetto al Metal, e c'era meno violenza per il Metal che per il Rap; come previsto, sono stati trovati più temi sessuali per Rap.

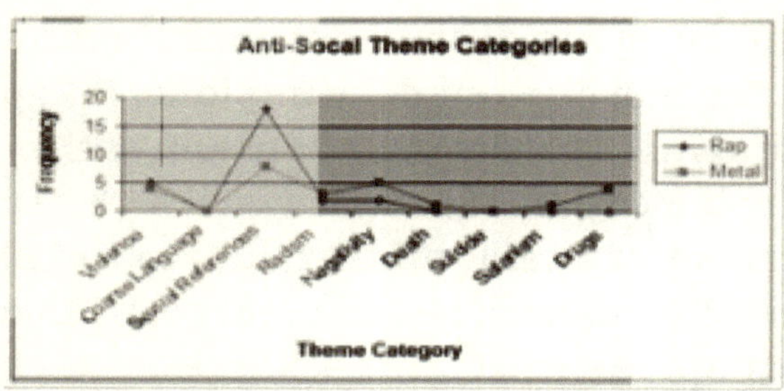

Il grafico a linee per le categorie pro-sociali ha mostrato che i seguenti sono stati maggiori per il metallo che per il rap: l'ambientalismo (1 a 0), i pericoli della droga (1 a 0), i pericoli della violenza (7 a 2) e la religiosità (5 a 0). Nel frattempo, le seguenti categorie erano più alte per il Rap che per metal: uguaglianza economica (4 a 0), autodeterminazione (5 a 3), termini di accompagnamento (2 a 1) e responsabilità sociale (7 a 3). Due canzoni per ogni genere sono state trovate per vari temi positivi e neutri.

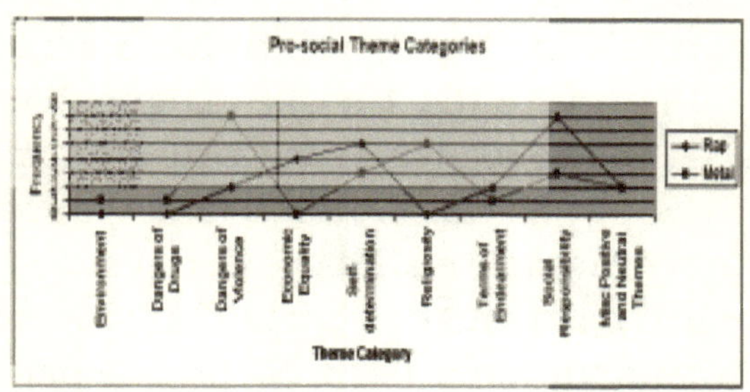

Conclusions – Temi

La presenza di più adesivi di avvertimento per

Heavy Metal e Rap ha richiesto un Lyric Survey per questi generi. L'indagine di riferimento è stata intrapresa per confrontare le frequenze per diversi tipi di parole per ogni genere, per valutare perché ci sono più adesivi di avvertimento. Per l'indagine di riferimento, Rap aveva più riferimenti antisociali e pro-sociali, secondo le carte a torta; tuttavia le carte a torta sui temi indicavano che i due generi erano uguali sia in termini di temi antisociali che pro-sociali. come l'indagine di riferimento, i punteggi dell'indagine tematici hanno indicato che i temi sessuali, violenti e negativi erano più alti per entrambi i generi; mentre la morte, il suicidio e l'occulto erano più bassi (nonostante la presunta associazione tra questi generi e temi).

CAPITOLO 9: STUDIO 3 – ANALISI LIRICA DETTAGLIATA

UN'IPOTESI E UN'IPOTESI

Questo studio esamina sei testi di canzoni (tre Heavy Metal e tre Rap) in dettaglio per tutti i possibili significati, che possono essere positivi (pro-sociali), negativi (anti-sociali) o neutri. I significati includono riferimenti (o parole), linee di gancio (linea principale o titolo utilizzato nel ritornello che si ripete più volte) e temi generali (soggetto principale) delle canzoni, e i testi possono avere più significati che possono essere sia negativi che positivi. Lo scopo dello studio è quello di esaminare in dettaglio i risultati dello Studio 2, dove temi e riferimenti variavano a seconda del genere. Inoltre, lo studio si basa anche sul Principio di ripetizione primaria di Stuessy, dove l'ascoltatore sente più volte un coro o una linea di gancio (US Government Printing Office, 1985). Le ipotesi si basano sui risultati dello studio 2. Si prevede pertanto che:

Temi e riferimenti simili si verificherebbero in questo sotto-esempio.

- Tutte e sei le canzoni avranno riferimenti sia negativi che positivi.
- Le canzoni possono avere uno o più temi, con significati sia negativi che positivi.
- Entrambi i generi avranno entrambi alti importi dei seguenti contenuti anti-sociali - violenza, volgarità, sesso e negatività.
- Il rap avrà più canzoni su (o riferimenti a) sesso, razza, negatività e volgarità, mentre Heavy Metal avrà più canzoni su (o riferimenti a) violenza e morte.
- Entrambi i generi avranno grandi riferimenti all'autodeterminazione, ai termini di accompagnamento e religiosità; tuttavia, l'autodeterminazione e i termini di accompagnamento sarebbero più alti per rap, mentre la religiosità sarebbe più alta per Heavy Metal.
- Una linea di gancio o un titolo dovrebbe tenere conto di un numero maggiore di parole o riferimenti che a loro volta rappresentano il modo in cui il brano verrebbe interpretato.

METODO

Per testare le ipotesi sono stati utilizzati due fogli di lavoro per la cartella di lavoro Ms Excel Music Survey utilizzata negli studi 1 e 2. Erano Lyric Surveys per Metal e Rap.

Quattro fogli di lavoro aggiuntivi sono stati aggiunti al Workbook: Anti-social Metal, Pro-social Metal, Anti-social Rap e Pro-social Rap. La procedura è stata la seguente: Fare clic sul menu a discesa 'Inserisci' e selezionare 'Foglio di lavoro', per creare un foglio di lavoro, quindi digitare il nome del foglio di lavoro nella scheda in basso.

Le sezioni antisociali e pro-sociali dei Metal and Rap Lyric Surveys sono state copiate e incollate su questi quattro rispettivi fogli di lavoro. La procedura è stata la seguente: selezionare l'area (celle, righe o colonne) da copiare sul foglio di lavoro, 'clic destro' sul mouse; quando viene visualizzato un menu a comparsa, selezionare Copia e quindi incollare nel foglio di lavoro richiesto. Dall'indagine Metal Lyric, le sezioni per i riferimenti anti-sociali e pro-sociali sono state copiate e incollate sui rispettivi fogli di lavoro Anti-social e Pro-social Metal. La procedura è stata ripetuta per il Rap Lyric Survey.

Per tutti i fogli di lavoro, i numeri di tutte le categorie di riferimento sono stati sommati per ogni brano. La prima riga, come indicato dal brano nell'elenco, è stata selezionata e tutti i numeri sono stati aggiunti per ogni categoria, con il risultato in una colonna 'Totale'. Ogni riga/canzone successiva è stata totalata selezionando la colonna 'Totale', selezionando il menu a discesa 'Modifica', quindi 'Riempimento' e poi 'Giù'.

I confronti per ogni foglio di lavoro sono stati effettuati selezionando l'intero elenco, facendo clic sul menu a discesa "Dati" e selezionando "Ordina dalla A alla z"; quando viene visualizzato un menu a comparsa, ordinare i brani in base a 'Totale' e in 'Ordine decrescente'. Le canzoni che hanno superato entrambe le liste antisociale e pro-sociali per ogni genere sono state scelte come sono apparse dopo l'ordinamento decrescente sotto la colonna 'Totale'. Questo significava che le tre canzoni rap in cima a entrambe le liste Anti-social e Pro-social Rap erano 2 Live Crew 'Hoochie Mama', Akon 'Bananza (Belly Dancer)' e 2 Pac 'Me Against the World'. Le tre canzoni degli Heavy Metal in cima alle liste Anti-social e Pro-social Metal sono state: 'Get Your Gun' di Marilyn Manson, Die Die My Darling dei Misfits e Killer on the Loose di Thin Lizzy.

RISULTATI

CANZONI RAP

2 Equipaggio Dal Vivo - Hoochie Mama

I testi contengono volgarità, riferimenti sessuali, riferimenti negativi e insulti razziali. La parola 'hoochie' è menzionata 29 volte (non sapevo che questo fosse un riferimento sessuale fino a quando non l'ho visto nel suo contesto); 'hood rat' (un altro significato per 'town bike') è menzionato 36 volte. Ci sono altri 14 riferimenti sessuali (come 'booty' per glutei o 'coochie' per parti private); 'cagna' è menzionato 6 volte, la parola 'f' è menzionato due volte, e 'nigger' 6 volte.

La linea di gancio afferma: 'Non sei niente' ma un topo Hoochie mama / Hood, topo cappuccio, Hoochie Mama'. Questa linea di ritornello/gancio viene ripetuta 16 volte durante la canzone (come nella ripetizione primaria). Inoltre, i riferimenti sessuali appaiono molto misogini, come si vede nelle righe 13-16, versetto 1: teatralità di F, non è un'attrice / Lay sul materasso, lasciare che un nigga splak / La cagna è piena di dramma / Hood rat Hoochie è come la sua mamma.

La canzone ha anche molti termini di amore ('parole d'amore-colomba'), dove la band sembra complimentarsi con la donna di cui stanno cantando. La parola "Mamma" è menzionata 38 volte, mentre ci sono altri 21 termini di accompagnamento o complimenti. In versi 2, linee 1-2, il cantante (MC) afferma: Hoe, amo i tuoi grandi occhi marroni / e il modo in cui scuoti le cosce ...; mentre nelle righe 7 e 8, afferma: 'Perché mi piacciono Ghetto Hoochies / Quelli piace pop che coochie', come se la band sta lodando le donne per avere 'grandi stivaletti' (o lati indietro).

2 I Live Crew sono una band molto controversa, e i testi dimostrano quanto siano davvero controversi. Da un lato, vengono utilizzate parole come 'ho', 'cagna', 'topo del cappuccio' e 'hoochie', e le righe 13-16 di Verse One accusano la donna di 'dramma'. Queste parole danno al PMRC e Delores Tucker un sacco di munizioni, soprattutto perché sono utilizzati frequentemente. Eppure, accanto a queste ci sono parole che potrebbero essere considerate come termini di accompagnamento. Questo pone la domanda se la band sta lodando o insultando la donna per essere bella o insultarla per essere a buon mercato (cioè 'non sei niente' ma una Hoochie Mama) o insultarla ancora di più per non aver messo fuori (come nelle righe 15-16 del versetto 2). Questi termini suggeriscono che si ritiene che le donne siano "buone per una sola cosa".

Tuttavia, ciò che esiste anche in questi testi è ciò che chiama 'flipping the script' (o cambiando i valori negativi delle parole in modo che siano positive e viceversa) (Smitherman, 1997). Il significato e l'ortografia afroamericana di 'Nigga' (al contrario del significato o dell'ortografia europea americana) è positivo – in questo caso, significa l'uomo di una donna afroamericana. Inoltre, ci sono alcune linee che potrebbero resistere all'"Euro centrismo" dell'America Bianca, dove la cantante loda la donna per avere un 'grande vecchio' bottino' (che significa schiena) (versetto 3, linea 15) e 'grandi occhi marroni' (versetto 2, linea 1).

In breve, ci sono alcuni riferimenti positivi, ma la linea di gancio e i numerosi riferimenti misogini oscurano i significati positivi nella canzone.

Akon - Bananza (Belly Dancer)

Questi testi contengono anche riferimenti sessuali (due dei quali potrebbero anche essere classificati come volgarità) e un riferimento al crimine ('gangsta' è menzionato nella riga 3, versetto 2). La parola 'Belly dancer' viene ripetuta 10 volte in totale; ma la parola 'ass' è menzionata solo due volte (nella riga 17, versetto 1: 'Mentre guardo questa bella cosa scuotere quel asino'; e la riga 11, versetto 2: 'Ass like that, girl, you devi essere kickin''). Ci sono altri 20 riferimenti sessuali come 'eccitazione' o 'eccitato'.

Le linee di ritornello/gancio si ripetono 10 volte nella canzone, due volte prima del versetto 1, due volte tra i versi 1 e 2, due volte tra i versi 2 e 3 e quattro volte dopo il versetto 4. Il ritornello dice così: 'Ehi signore, buttalo giù / Voglio solo vederti toccare il suolo / non essere timido, ragazza, vai Bananza / Shake ya corpo come un ballerino del ventre'. L'ascoltatore avrebbe sentito queste righe almeno 10 volte, moltiplicate per il numero di volte in cui la canzone viene ascoltata – il dottor Stuessy crederebbe che l'ascoltatore avrebbe sentito la canzone così tante volte che tutto quello che potevano pensare è 'booty'?

Ci sono anche molti termini di amore in tutta la canzone: 'ragazza' è menzionato 20 volte, 'bambino' – 2 volte, 'signore' – 10 volte, e ci sono altri quattro termini di amore o lode. Versetto 2, linee 1-2 stato: 'Ragazza, devo dire che il più volare thang qui / così caldo ho gon' bisogno di un po 'di pioggia qui'. Mentre i numerosi riferimenti sessuali in tutta la canzone attirano una discreta quantità di attenzione negativa (come era una delle canzoni sulla lista ARIA / AMRA Warning Sticker), la maggior parte di questi sono stati utilizzati in modo positivo e più sottile verso le donne che nei 2 testi Live Crew.

2 Pac – 'Io Contro Il Mondo'

Il testo contiene molti riferimenti antisociali: 7 riferimenti alla violenza, un riferimento sessista/omofobico, un insulto razziale, 65 riferimenti negativi, 9 a morte o omicidio e 2 al satanismo. La linea coro/gancio rappresenta molti di questi riferimenti: 'Sono solo io contro il mondo / Nuttin' per perdere / Sono solo io contro il bambino del mondo ...' Questa linea di gancio viene ripetuta 33 volte in tutta la canzone e quattro volte in ogni ritornello.

I riferimenti in versi 1 sottolineano la disperazione del crimine di strada, della violenza e dell'omicidio, con le righe 1-3: Puoi immaginare la mia profezia? / Stress in città, la polizia è calda per me / il progetto è pieno di proiettili, i corpi sono droppin'....'

Il versetto 2 mostra come 2 Pac e altri nella sua situazione sono colpiti dalla criminalità di quartiere: linea 1-2: "Qualcuno potrebbe aiutarmi? Sono là fuori da solo / Vedi signore in serbo, Baby Capone's, livin'wealthy...'; Linee 5-6: 'e urlare' Immagino che incubi come un bambino / mi ha avuto paura, ma mi ha lasciato preparato ...' Nelle righe 9-12 del versetto 2, la disuguaglianza economica che si affronta dà un motivo per passare al crimine: 'Ogni giorno c'è mo' morte, e in più sono senza pasta / Sono seein' mo ragioni per me di procedere con ladri / Schema sul intrigo e lasciare che sbirciano lutto / Causa non ci sono dollari per impilare, le mie noci è sostenuto ...

Tuttavia, alcuni significati positivi potrebbero anche essere trovati. Ci sono 37 riferimenti ambientali nella canzone, la maggior parte dei quali si riferiscono all'ambiente sociale (mondo) in cui 2 Pac crede che esista. Ci sono anche 2 riferimenti all'autodeterminazione e alcuni alla responsabilità sociale.

Il versetto 3 inizia fatalista, come nelle righe 1-3: 'Con tutto questo stress in più'/ la domanda che mi chiedo è dopo la morte, dopo il mio ultimo respiro / quando finalmente arriverò a riposare? Attraverso questa soppressione...", ma le righe 4 e 5 sottolineano la responsabilità sociale e l'uguaglianza economica: "Puniscono le persone che sono domande askin / E quelli che possiedono, rubano a quelli senza possedimenti". C'è una soluzione nelle righe 7-8: 'Il messaggio che sottolineo: per farlo smettere di studiare le tue lezioni / Non accontentarti di meno – anche le domande del genio ask-es ...' e sottolinea l'autodeterminazione nelle righe 9-11: "Non cambiare mai, mantieni la tua essenza/ Il potere è nelle persone e nella politica che indirizziamo/ Fai sempre del tuo meglio, non lasciare che la pressione ti faccia prendere dal panico". Le restanti linee dalle 12 alle 18 sottolineano anche l'ottimismo e la perserveranza di fronte alle avversità: "E quando ti insodrai/ E le cose non vanno come l'hai pianificato / Dreamin' di ricchezze, in una posizione di makin' una differenza / Politici e ipocriti, non vogliono ascoltare ...'

L'outro è altrettanto ottimista: Heh, hahahaha / Questo è giusto / So che sembra difficile a volte, ma uhh / Ricorda una cosa / Attraverso ogni notte buia, c'è un giorno luminoso dopo che / Quindi non importa quanto sia difficile ottenere, attaccare il petto fuori / Tenere la testa in alto e gestirlo. Quello che sembra dire è che "ogni nuvola ha un rivestimento d'argento".

CANZONI HEAVY METAL

I Disadattati –Morire , Morire, Morire Il Mio Tesoro

Cantata dai Misfits (diretta da Glenn Danzig), la canzone contiene riferimenti alla morte (il tema pre-sociale predominante) insieme a termini di amore - rendendo questa una canzone estremamente contraddittoria. Ci sono quarantacinque parole e frasi negative e 33 positive.

La linea di gancio, o coro parla di morte ('Die, die, die...') seguita da un termine di avamento ('... Mia cara'). Si ripete dieci volte durante la canzone ed è seguito da 'Don't utter a single word'. La linea di gancio poi segue, e poi è 'Chiudi la tua bella bocca' (una dichiarazione molto contraddittoria, come se la bocca della donna è 'piuttosto' a condizione che lei 'chiude' esso). Segue: 'Ti rivedrò/ ti 2 farò vedere all'inferno'. Il ritornello viene ripetuto quattro volte e la parola 'die' 36 volte in tutta la canzone.

Anche i versetti sono ambigui nel significato. Nei versetti 1 e 2, dice: 'Non piangere per me, oh baby' 12 volte durante i versetti. Questa linea è tra le seguenti altre righe: 'Il tuo futuro è in una scatola oblunga'; "Avrebbe dovuto vederlo a-comin' su"; 'Non so che era in tuo potere', ma non so che era in tuo potere. 'Dead end ragazza per un ragazzo senza fine'; e 'Ora la tua vita si svuota sul pavimento'. L'ascoltatore è lasciato a riflettere su ciò che la vittima femminile sta morendo da. Le parole 'Die, Die, Die, My Darling' suggeriscono che il signor Danzig vuole che la donna muoia (lasciandosi chiedere perché); eppure nessuno sa se la sta uccidendo o se sta morendo per altre cause. Eppure altre righe suggeriscono una trama in stile 'Romeo e Giulietta' (Dead end boy per una ragazza senza fine); o c'è un accenno di nichilismo (il tuo futuro è in una scatola oblunga) – dopo tutto, tutti muoiono alla fine.

La struttura lirica confermerebbe sicuramente l'ipotesi di Ripetizione primaria di Stuessy. La linea di gancio 'Die, Die, Die My Darling' si ripete più volte, così come i versi e altre linee nel ritornello.

Lizzy Sottile – 'Killer On The Loose'

A differenza della canzone precedente esaminata ('Die, Die, Die My Darling'), in cui l'ascoltatore non è sicuro se si tratti solo della morte o specificamente dell'omicidio, questo numero assume un tema preciso.

Diciotto dei 30 riferimenti negativi sono legati alla morte o all'omicidio, e 7 sono legati al sesso (ad esempio, 'Sono uno stupratore sessuale pazzo', versetto 2, linea 2); ci sono 5 riferimenti relativi alla negatività generale (ad esempio, 'Stare nell'ombra dell'amore'). Dei riferimenti positivi utilizzati, 'miele' è menzionato 4 volte e 'amore' 3 volte. La linea di gancio, 'Killer on the Loose' (anche il titolo), viene ripetuta quattro volte per coro. Il ritornello viene ripetuto due volte – una volta dopo il versetto 1 e di nuovo dopo il versetto 2; due volte durante i versetti 2 e 3; e 11 volte durante l'Outro. Questo ci dà un totale di 21 volte.

Nella canzone, Phil Lynot (il cantante) tenta di entrare nella mente dell'assassino; presentando l'assassino come terza persona (ad esempio, 'Sarà in giro per questa città', versetto 2, linea 6); o la prima persona (ad esempio, 'Alcune persone mi chiamano Jack / Alcune persone mi chiamano pazzo', versetto 1, linee 1-2). Si riferisce anche al bersaglio/vittima come terza persona (ad esempio, 'Sto cercando qualcuno/ e non so nemmeno il suo nome', versetto 1, righe 3-4); o la seconda persona (ad esempio 'Potrei essere alla ricerca di te / ovunque tu sia', linee 5-6). Quindi, l'obiettivo potrebbe essere qualsiasi donna.

Nelle righe 9-12 del versetto 1, suona come se avvertisse il bersaglio che potrebbe accadere a lei e di essere in guardia: 'Ora potresti pensare che sia divertente / O forse uno scherzo / Ma hai un sacco di motivo per preoccuparsi del miele / 'Perché non sopportevi una speranza'. O questo o lui è semplicemente intimidatorio e insultarla?

Gli stessi temi esistono in Versetto 2: Le righe 5-7 del versetto 2 raffigurano dove e quando è probabile che accada, e l'assassino come terza persona ('Sarà a piedi per questa città / Solo circa mezzanotte / Sì, che è Chinatown..); prima di cantare di se stesso sia come prima che seconda persona nelle righe 9-10 ('Ora si potrebbe pensare che sto scherzando / O lui non esiste) e tornare alla prima persona nelle righe 11-12 ('Ma miele sto confessando / Sono uno stupratore sessuale pazzo').

Versetto 3 è più breve in quanto ci sono 8 linee invece di 12. In questo caso, parla di se stesso come la prima persona, e il bersaglio come il secondo, come nelle righe 1-2: 'Sarò in piedi nell'ombra dell'amore / Aspettando per te'. Le linee sono ambigue nel significato: o è in piedi in qualche angolo buio, in attesa di balzare sul bersaglio, o che l'amore ha davvero un lato più oscuro. Le righe 3-5 avvertono il bersaglio cosa non fare e poi le ricordano chi è: 'Non decomprimere la cerniera/ 'Perché sai/ Sono Jack lo Squartatore'; mentre le righe 6-8 avvertono il bersaglio di ciò che accadrà: 'Ora non lamentatevi, non.../ C'è un assassino a piede libero di nuovo / In piedi nell'ombra'.

Il significato generale della canzone può essere interpretato in diversi modi. I riferimenti all'omicidio e al genere suggeriscono che i testi sono relativi al femnico e alla violenza contro le donne. In alcune parti, suona come se stesse insultando o minacciando il suo bersaglio; in altri, suona come se non vuole ucciderla, ma si sente costretto a (come molti serial killer sono). Forse la sta avvertendo di stare in guardia (se è fuori da sola di notte) o che i testi hanno qualche significato storico (come raffigurano Jack lo Squartatore)?

Marilyn Manson – 'Get Your Gun'

Una canzone interessante: il titolo suggerisce che la canzone riguarda la violenza (cioè 'get your gun), ma il testo si riferisce ai 'cosiddetti' guardiani morali nella nostra società, come il PMRC. Il testo ha molti riferimenti negativi: 12 alla violenza, 7 volgarità, 10 riferimenti negativi generali e uno sulla morte. Tutti e otto i suoi riferimenti positivi sono religiosi (riferiti a Dio e alla morale).

La canzone ha due linee di gancio: il titolo – 'Get your Gun' e il ritornello – 'Goddamm, la tua mano retta'. La riga 'Get your Gun' è menzionata solo quattro volte all'inizio del ritornello 2 e quattro volte alla fine della canzone (otto volte in totale). Le parole 'Goddamm la tua mano retta' sono menzionate una volta nell'introduzione e all'inizio del ritornello 1 (dove la parola 'goddamn' viene poi menzionata 4 volte dopo) - sei volte in totale. Inoltre, nel ritornello ci sono le righe: 'Pseudo-morals work really well/ on the talk show for the weak/ But your selective judgments/ and Good guy badges/ Don't mean Fok to me'. Qui, Mr Manson raffigura conduttori di talk-show e teleevangelisti che prendono l'alto livello morale e alimentano il loro pubblico con il loro drivel (che si innamorano).

Nel versetto 1, linee 1-4, l'onorevole Manson usa il valore shock per fare il suo punto: "Mangio carne innocente/ La casalinga che batterò/ La pro-vita ucciderò / Cosa non farete, lo farò". Le righe 5 ('Mi sbatto a dormire') e le 7-8 ('Mi spavento tu vedi/ vorrei non essere io') sembrano riflettere l'odio per se stessi; mentre le righe 6 ('Quello che semina io raccoglierò') e 10-11 ('Mi scuoto nella / Odio quindi lo sono') suonano come se l'onorevole Manson sta insinuando che sia il prodotto della 'pseudo-morale' di tutti gli altri.

Il versetto 2 suona molto anti-PMRC, in quanto il signor Manson (come un adolescente disturbato) "lancia un po' di forma" (linea 1) e "si taglia i polsi adolescenti" (linea 2). Le righe 3-4 hanno qualcosa da dire sulla musica contro cui i 'guardiani morali' sono contro: 'Il massimo che posso imparare/ è nei dischi che bruci'. In altre parole, gli adolescenti hanno capricci e si tagliano i polsi per una serie di motivi diversi dalla musica che ascoltano (che gli adulti cercano di togliere loro). Quello che sembra dire è che le persone in autorità (come i genitori o gli insegnanti) non sempre capiscono ciò che i giovani attraversano, e non tutti gli adolescenti imparano o beneficiano di istituzioni tradizionali come la scuola o la famiglia. La musica che ascoltano parla alle loro emozioni attraverso i testi, dove possono imparare le cose o ottenere idee.

Anche il versetto 3 è interessante: parla delle responsabilità attuali e future che gli adolescenti dovrebbero assumersi, ma il loro status di minoranza li priva dei diritti "adulti". Le righe 1 e 2 vanno così: 'Io sono il VHS / Registrami con il tuo pugno'. Queste parole suggeriscono che i giovani che soffrono di disfunzione familiare (e violenza) raramente escono indenni da essa. Le righe 3 e 4 affermano: "Vuoi che salvi il mondo/ sono solo una bambina". Nonostante sia fatto sentire "piccolo" (come una bambina), molti adolescenti potrebbero essere i leader di domani e non ci si può aspettare che abbiano un impatto positivo (cioè "salvare il mondo") se essi stessi non sono trattati positivamente da coloro che ne hanno l'autorità.

Quindi, la canzone raffigura estrema ribellione e, ma raffigura anche l'autodeterminazione (rispetto di sé), la responsabilità sociale (che molti adulti non riescono a praticare) e i pericoli della violenza o dell'abuso (sia fisici che emotivi).

CONCLUSIONI PER LO STUDIO 3

La maggior parte delle canzoni del sottosetorio supportano la teoria di Stuessy della Primaria e (in misura minore) la ripetizione secondaria. La linea di gancio per 'Hoochie Mama' è stata ripetuta 16 volte; 'Bananza' – 10 volte; 'Io contro il mondo' – 33 volte; 'Die, Die, Die My Darling' 10 volte e 'Killer on the Loose' 21 volte. 'Get Your Gun' di Marilyn Manson ha sostenuto questa ipotesi meno così - la linea 'Get Your Gun' è stata ripetuta solo 8 volte e 'Goddamm la tua mano giusta' 6 volte. Le canzoni rap avevano 56 linee di gancio in totale, mentre Heavy Metal ne aveva 44 - confutando così l'affermazione che Heavy Metal è il genere con il maggior numero di linee di gancio

I risultati hanno sostenuto anche quelli dello studio 2: due delle 3 canzoni rap avevano riferimenti sessuali e termini di accompagnamento, mentre uno aveva riferimenti alla responsabilità sociale, alla disuguaglianza economica e alla negatività; due delle 3 canzoni dell'Heavy Metal si riferivano alla morte, alla morbilità e alla violenza, ma erano anche basate sulla realtà; l'altro, pur usando riferimenti violenti e negativi, gridava contro la violenza familiare ed era per la libertà di espressione e di pensiero. Quindi, sono state sostenute le seguenti ipotesi: ci sono stati riferimenti sia positivi che negativi; i riferimenti sessuali e negativi erano più alti per rap, mentre la violenza e la morte erano più alte per Metal; L'autodeterminazione e la responsabilità sociale erano più alte per il Rap, ma anche presenti in Metal; I riferimenti religiosi e anti-violenti erano più alti per Metal; linee di gancio erano presenti in tutte le canzoni, ma in numeri più alti per Rap (e ha fatto un gran numero di alcuni tipi di riferimenti).

I risultati di entrambe le indagini mostrano la necessità di esaminare il contenuto lirico in tutto il suo contesto piuttosto che solo le parole isolate, che hanno richiesto lo studio 3 (Detailed Lyric Analysis). Mentre il contenuto come il linguaggio grossolano determina come gli ascoltatori percepiscono la canzone o il cantante; o anche come interi generi musicali, le parole e i riferimenti nelle canzoni utilizzate per il sottosezioni nello Studio 3 mostrano come i contenuti antisociali e pro-sociali possano esistere nella stessa canzone. I risultati sollevano diversi problemi: se le canzoni con contenuti violenti o sessuali coesistono, questo contenuto offensivo diventa meno offensivo se abbinato a Termini di amore e altri complimenti? Mentre canzoni come 'Belly Dancer' di Akon si complimentano con le femmine, i Termini di Atearment in altri come 'Die, Die, Die My Darling' di 2 Live Crew e 'Hoochie Mama' della Live Crew potrebbero essere negati dai riferimenti violenti e sessuali nella canzone. Quindi, le femministe possono anche saltare sui carrozzoni anti-Rap o anti-Metal.

Questi risultati sembrano sostenere gli studi di Boeglin (2000) e St Lawrence and Joyner (1991), che collegano le preferenze e gli atteggiamenti musicali nei confronti delle donne; e l'uso ripetuto di questi termini supportano Stuessy (1985). Altre contraddizioni sarebbero l'autodeterminazione accanto alle insulti razziali (2 Live Crew ancora un esempio, un altro esempio sarebbe "To all My Niggaz" di 50 Cent – il rapporto tra i tipi di riferimenti avrebbe sostenuto l'analisi dei testi rap di Smitherman (1997); o responsabilità sociale accanto alla negatività e alla ribellione (due esempi sono "Get Your Gun" di Marilyn Manson e "Me Against the World" di Pac), che sosterrebbero Ballard e colleghi (1999) nello studio dei contenuti lirici e degli effetti delle aspettative.

Un'analisi lirica dettagliata come questa sulle differenze di genere sia nei testi Heavy Metal che Rap potrebbe essere necessaria per vedere che tipo di problemi o temi sarebbero sorti da testi scritti da interpreti heavy metal o rap femminili. Spesso, ci sono accuse rivolte a entrambi i generi su testi sessisti, quindi sarebbe interessante sapere come l'interpretazione di una cantante Heavy Metal o Rap femminile sulle relazioni d'amore differisce da quella di un performer maschile?

CAPITOLO 10: DISCUSSIONE

In teoria, le politiche di etichettatura in Australia sono progettate per bilanciare i diritti degli adulti ad ascoltare ciò che desiderano, degli artisti e delle band di esprimersi, e dei rivenditori di vendere materiale audio sono bilanciati con la necessità per alcuni membri del pubblico di sapere quali registrazioni sono offensive o adatte ai minori.

In pratica, i modelli di distribuzione degli adesivi Levels of Warning in base al genere indicano un numero significativamente maggiore di questi per Heavy Metal e Rap che per la musica dance, come mostrato nello Studio 1. Può significare che sia rap che Heavy Metal contengono un linguaggio grossolano e contenuti discutibili, o può significare che artisti del calibro del PMRC e di altri gruppi potenti desiderano mettere a tacere questi generi. Mentre gli adesivi di avvertimento indicano i livelli di contenuti discutibili nel materiale audio, non indicano l'esatta quantità di contenuti (quante parole maleducate per canzone, per esempio) o il tipo di contenuto a cui le persone possono obiegare per quale motivo (come riferimenti sessuali, insulti razziali, riferimenti a droghe, contenuti satanici o soprannaturali ecc. Forse le organizzazioni interessate hanno basato le loro classificazioni su una stima. Non lo so. Quindi, ho fatto gli studi lirici dettagliati per ottenere un'idea del perché queste canzoni o album potrebbero guadagnare il 'titolo' di 'Strong Language'.

Per quanto riguarda lo Studio 2, una limitazione era che le ipotesi erano basate sulle percezioni del ricercatore (aka la mia), che (a sua volta) si basavano sulle percezioni pubbliche delle canzoni, sulla presenza di adesivi Warning su materiale audio o di contenuti antisociali o pro-sociali. Un altro era la dimensione del campione (di 49 canzoni per ogni genere) - una dimensione del campione più grande può avere garantito risultati diversi, così come una timeline più lunga o più generi con cui confrontare Rap o Metal.

Questa tesi si basava anche su diverse prospettive teoriche, ed è difficile sapere quale prospettiva ha la soluzione migliore. Sembra che molta della letteratura sui testi e sul comportamento si basa sul panico morale, il che solleva la questione su quali fattori sono alla base di questo pannico morale. Per esempio, la maggior parte del panico morale che circonda Heavy Metal è il panico satanico. O che le percezioni sul fatto che il rap sia un genere musicale per i neri, i poveri o le persone urbane possono suscitare preoccupazioni tra i genitori circa i propri figli che gradino la musica. Tuttavia, sia i genitori afroamericani che bianchi nutrivano le stesse preoccupazioni sul rap, suggerendo così che la prospettiva Paura della Gioventù potrebbe applicarsi qui. Tuttavia, la prospettiva Fear of Youth non è responsabile del trattamento di tutti i fan di Heavy Metal, Punk o anche rap, poiché molti di questi fan sono ormai passati ai loro ragazzi.

Infine, studi sugli stereotipi dei fan di Heavy Metal e Rap, come quelli di Carrie Fried (2003) e Donna Deyhle (1998), e casi come il West Memphis 3 indicano come questi stereotipi e idee preconcette possano influenzare i diritti di persone che amano questi generi. Questi studi potrebbero essere replicati utilizzando i fan australiani. Lo studio di Fried (2003) sugli stereotipi dei fan di Heavy Metal e Rap potrebbe essere replicato, evidenziando le differenze tra i fan australiani e stranieri in termini di fattori demografici come la razza, l'età e lo status socio-economico.

O in alternativa, lo studio di Deyhle (1998) sugli indiani Navajo potrebbe essere replicato utilizzando le esperienze soggettive dei fan australiani, evidenziando somiglianze e differenze tra fan australiani e americani, o differenze tra uomini e donne, o bianchi e quelli di colore, come. Questi sono due suggerimenti su cosa si può fare per ottenere una visione degli effetti degli stereotipi musicali e del conseguente trattamento dei gruppi in base alle preferenze musicali nel contesto australiano.

PARTE IV -
Il dopoguerra

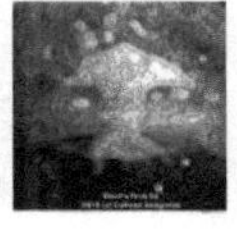

CAPITOLO 11: TUTTE LE LEZIONI: COSA POSSIAMO IMPARARE DA QUESTO?

Fino a poco tempo fa, erano per lo più religiosi, genitori e altri gruppi conservatori che avevano usato la moralità per influenzare l'ordine pubblico. Questo esemplifica come 'The Establishment' sia riuscito a mobilitarsi contro generi come Heavy Metal e Rap (e i loro seguaci), sia attraverso il denaro che altre risorse e potere. Al contrario, i Metalheads, i Punks, i Rapper e simili erano la "controcul cultura", che applaudiva "the Underdog" o le "masse in difficoltà".

Oltre a esercitare il potere politicamente e legalmente, questi gruppi dominanti esercitano il potere attraverso la ricerca scientifica e medica, in particolare attraverso la psicologia e la psichiatria. Se ci sono pochi fan Heavy Metal (e simili) appartenenti alla comunità scientifica, allora questo può essere un problema. Questa stigmatizzazione e patologia si riversa poi in altri settori di autorità: il sistema sanitario, il sistema educativo e (soprattutto) le forze di polizia, che comprende il controllo della lingua e il "de-piattaforma" della musica che le persone non amano o di cui possono essere in disaccordo.

Il dibattito sulla censura, tuttavia, non si limita necessariamente a "The Religious Right" e ad altri gruppi conservatori. Negli ultimi anni ho visto un cambiamento di paradigma verso la sinistra, quello che viene comunemente chiamato "marxismo culturale". Questo può essere una buona cosa se significa che più gruppi, basando la loro identità su alcuni fattori demografici e di stile di vita, sono trattati con dignità e rispetto, soffrono meno e godono di una più ampia gamma di opportunità di lavoro e di istruzione, sono più prosperi e hanno più scelte. Le donne non devono sposarsi e avere figli se non vogliono. Le famiglie non devono stare insieme se c'è poca possibilità che le cose non migliorino. E le regole, i regolamenti e le politiche esistono per garantire che tutti ottengano un "fair go" (beh, almeno in senso formale).

In questo caso, vediamo nuovi dati demografici emergere in una scena musicale, che spesso vengono con un mucchio di nuove prospettive nel loro contenuto lirico. L'Heavy Metal, il punk e il rap più tradizionalmente maschili hanno attirato più donne, e l'Heavy Metal in particolare, ha attirato persone di colore. Dopo tutto, più è allegro?

I giovani stanno diventando più istruiti, esperti di tecnologia e ricchi. Essere in grado di scaricare più musica sul computer o sul telefono cellulare significa che più persone hanno la possibilità di ascoltare cose che non erano disponibili prima dell'era digitale. E questo permette sempre più accesso per tutti, fino al punto in cui potresti non dover mai lasciare la tua casa.

Purtroppo, questa prospettiva egualitaria, combinata con i miglioramenti nella tecnologia moderna e nel tenore di vita, può avere le sue insidie. Una di queste insidie può essere la "correttezza politica", soprattutto quando va troppo lontano. Da solo, la correttezza politica suona molto 'utopia' e progressista: 'nicety-nice', 'all rainbows and unicorns', 'let's express our feelings', spazi sicuri, 'uniamoci tutti per mano e smentesciamo Kumbaya' ed essere inclusivi.

L'avvertimento, tuttavia, è che i nuovi (e spesso laici) gruppi diventano la nuova "polizia di pensiero", la polizia linguistica, i "puritani" e i "censori" e vediamo queste persone all'estremità "sinistra" dello spettro politico: politici, media, gruppi di pressione, personale accademico nelle università, gruppi di donne (e altri interessi speciali) che diventano i principali denuncianti.

Questo nuovo puritanesimo ha un effetto a catena, con i professori delle scuole superiori e degli insegnanti delle scuole superiori che insegnano agli studenti delle scuole superiori e universitari che ci sono più di due generi, che la diversità e il multiculturalismo sono "buoni" e che tutti dobbiamo "controllare il nostro privilegio". Nessuna cultura è migliore dell'altra e l'Islam è la "religione della pace".

Ma non esiste una cosa come Babbo Natale o anche Dio (e hanno il coraggio di dire che i Metalheads sono 'satanisti').

Spesso, questi "nuovi puritani" considerano l'Heavy Metal (e generi simili) come sessista, razzista o omofobo in questi giorni: non basta ora essere derisi per essere 'adoratori di Satana', drogati, meno intelligenti o un miserabile 'emo'. Questo può significare una delle due cose.

Presumo ancora che l'Heavy Metal sia l'"ultimo baluardo della libertà di parola", ma potrebbe essere una questione di tempo prima che uno si unisca al mainstream e diventi "evirato" altrimenti possono semplicemente "cop it" anche dalla polizia di pensiero/lingua.

In entrambi i casi, non aiuta le persone che sono state vittime di violenza nella vita reale: Sophie Lancaster, che è stata picchiata a morte, semplicemente per essere un 'mosher', è ancora sei metri sotto.

E questo è 'non molto punk rock', come direbbe Paul Joseph Watson (2017a).

HEAVY METAL E RAP SONO IN REALTÀ 'ALA DESTRA'?

Si può anche sostenere che si è verificato un altro cambiamento di paradigma, ,   che va in contrasto con la sinistra "mainstream" (o addirittura "alternativa), tra alcune sottoculture verso la destra nella musica alternativa. Si potrebbe quasi chiamare conservatorismo la 'nuova controcultura' (un'altra citazione di Paul Joseph Watson, 2017a).

Secondo Watson (ibid), la destra politica in precedenza aveva le redini del potere, mentre la sinistra era lì per fornire un contrappeso alla narrazione principale dell'epoca. E probabilmente dal momento che i baby boomer (e la mia generazione, Gen X), la sinistra era probabilmente la principale alternativa a quella che era l'ortodossia politica dominante al momento.

In un altro video di YouTube, che è lungo 20 minuti e mezzo, Watson (2017d) tiene una discussione con Tarl Warwick (YouTuber canadese che va sotto il nome di Styxhexenhammer666), sulla libertà di parola: a circa 7 minuti e 11 secondi nel video, sorge il tema dell'heavy metal. Avevo anche bloggato su di esso e condiviso sui miei blog, 'Rise Above the Rot' (Sedgwick, 2018b) e 'End Metallophobia' (Sedgwick, 2018a)

In altre parole, il movimento punk rock dell'epoca attrasse l'"ira" dei vecchi puritani (la "destra conservatrice"); mentre ora, sono i nuovi puritani (la 'Sinistra Progressista') che ora predicano e 'browbeating' tutto ciò che è presumibilmente di destra, che si tratti di Heavy Metal o qualsiasi altra musica, film, commedia o qualsiasi altra cosa.

Come molte band e fan heavy metal sono tradizionalmente dritti, bianchi e maschili; e musicisti che in passato erano più socialmente "liberali" (o libertari) potrebbero invecchiare. Ho spesso visto Ted Nugent unirsi ad Alex Jones (su Infowars) esprimere e abbracciare valori più tradizionali come l'importanza della famiglia, avere un'etica del lavoro, patriottismo e la Costituzione degli Stati Uniti.

La stessa cosa si può dire del rap. In un video realizzato da Angry Foreigner (2018), su Kanye West che esce a favore di Trump e dei repubblicani, dice che la maggior parte delle persone parlerebbe del rap come di "per gli sfavoriti"; ma in realtà, dice che è probabilmente la "cosa più capitalista che ci sia" perché i rapper smentescono di soldi, pimping fuori donne e materialismo, mentre accusa Kanye West di 'essere troppo bianco'. Ecco cosa aveva da dire nella descrizione (del suo video):

> Kanye West è uscito a sostegno di Trump e ha fatto tweet repubblicani-friendly, che hanno portato la comunità hip-hop impazzire. Il cugino di Snoop Dogg ha chiesto un "allarme Crip" chiedendo ai membri della gang di fare del male a Kanye e snoop stesso ha detto che Kanye sta diventando bianco".

> L'ironia in questo è che i rapper in genere promuovono droghe pesanti, violenza, adulterio e avidità. Come farai a lamentarti del razzismo quando i rapper si vantano di aver sparato ai neri?

> Lo stigma con i rapper di destra è assurdo. La musica rap è permeata dall'idea che i beni materiali sono desiderabili perché elevano il tuo status sociale. La cultura hip hop è iper materialista e i rapper hanno la stessa mentalità dei banchieri di Wall Street che hanno causato la crisi finanziaria.

In altre parole, se Karl Marx fosse ancora vivo, gli piacerebbe la musica rap? Secondo lo straniero arrabbiato, lo odierebbe:

> Sono abbastanza sicuro che Karl Marx avrebbe odiato il rap. Non c'è nessun tema robin hood nel rap. Non si tratta di derubare i ricchi e dare ai poveri, si tratta di derubare chiunque – soprattutto i

poveri – e comprare dei bei cerchi per te stesso.

Sia Marx che Engels coniò la frase rag proletariato, riferendosi alla classe operaia priva di coscienza di classe, come i criminali. Sotto-classe
che preda la classe operaia. E cito:

" Il lumpenproletariat è stato facilmente corrotto da
forze reazionarie e potrebbe essere utilizzato per
combattere il vero proletariato nei suoi sforzi per
portare alla fine della società borghese. Senza una
chiara coscienza di classe, il lumpenproletariat non
potrebbe svolgere un ruolo positivo nella società.
Invece, ha sfruttato la società per i propri fini, ed è
stato a sua volta sfruttato come strumento di di-
struzione e reazicne."

Così, sarebbe completamente andare contro le
idee di Karl Marx perché i gangster (che fossero
veri gangster come la mafia italiana o 'Gangsta's'
come Snoop Dogg) probabilmente sfrutterebbero
altri poveri altrettanto male (se non peggio) di
qualche ricco grande uomo d'affari, politico o
banchiere; e anche se quel rapper fosse una persona di colore, non avrebbe scusato il suo comportamento. Quindi, questo sarebbe il motivo per cui
molti appassionati di rap amano interpretare la
vittima, spesso abbracciano ideologie di sinistra
e votano per i partiti politici di sinistra – perché
la vittimità può essere molto redditizia, soprattutto se sei una "persona di colore".

È facile attribuire tali spostamenti all'estrema sinistra o all'estrema destra ai recenti fenomeni dei

"guerrieri della giustizia sociale" o, in alternativa, all'"Alt-right". Ma qualunque siano le ragioni, sappiamo tutti che il Heavy Metal e scene musicali altrettanto diffamate comprendono non solo razze diverse, background socioeconomici, luoghi geografici, generi (o identità di genere), livelli di abilità, livelli di istruzione e qualsiasi altro gruppo di identità, ma anche, hanno una varietà di convinzioni religiose e politiche, background educativi e orientamenti sessuali. Ciò significa che, anche se fossero tutti maschi bianchi e dritti (o maschi neri e dritti se ti piace il rap), differirebbero molto nelle loro opinioni. Pertanto, non possiamo concludere che tutti si appoggiano in un modo o nell'altro, e sarebbe sciocco farlo.

CAPITOLO 12: UN RIPENSAMENTO - COME AIUTARE LA PERSONA AMATA SE GLI PIACE UN DIVERSO TIPO DI MUSICA O INTRATTENIMENTO (ANCHE SE NON È METAL)?

Ho incluso questo tipo di consigli per le persone che possono avere qualche difficoltà a capire perché il loro bambino o la persona amata potrebbe come una particolare forma di intrattenimento che differisce dai propri gusti e sensibilità. Spesso, gusti diversi (soprattutto quando si tratta di come il gusto differisce a seconda della generazione in cui sono nati) possono presentare una tensione sulla famiglia e sulle relazioni. Questo è ancora di più quando le persone vivono sotto lo stesso tetto e non tutti condividono gli stessi interessi.

CONSIGLI DA HEAVY METAL E ROCK PERFORMERS E FANS

Dee Snyder Della Sorella Contorta

Ha detto al Congresso e al PMRC che i genitori dovrebbero essere responsabili di ciò che i loro figli ascoltavano o guardavano. Un senatore ha affermato che i genitori non hanno avuto il tempo, così ha risposto dicendo che i bambini (in media) hanno comprato un album a settimana e sentivano che non era molto chiedere che i genitori si sedessero e ascoltassero quell'album con i loro figli (Konow, 2002; Christe, 2004)

Dave Lombardo Della Cacciatrice

Ha detto alla rivista 'Metal Maniacs' che i genitori devono prendersi il tempo per vedere da dove vengono i loro figli, soprattutto quando si comportano in modo ribelle (Krgin, 1991).

Frank Sappa

Egli credeva che i testi rock dovessi essere stampati al di fuori delle copertine, in modo che le persone potessero giudicare da sole l'"adeguatezza" del testo (Christe, 2002).

Julie Martin (Una Fan Dell'heavy Metal Femminile)

Ha detto che era una 'questione di discrezione' da parte dell'ascoltatore' in termini di testi sessisti, come quelli di Cannibal Corpse, e 'Preferisco ascoltare una band che canti di qualcos'altro, antichi guerrieri o dee o qualcosa del genere' (Hall, 1997).

ALTRE FORME DI ENTERTAINMENT

Questi includono discussioni sui media e l'intrattenimento, nonché sulla musica: secondo Sternheimer (2003), questi possono anche aiutare a responsabilizzare i bambini più piccoli, in modo che quando diventano più indipendenti, saranno preparati (e possibilmente autorizzati) ad affrontare qualsiasi avversità che possano sperimentare; ed essere armati con le conoscenze necessarie per essere in grado di prendere decisioni sul proprio futuro.

Sternheimer ritiene che i film (come quelli di Walt Disney, per esempio) potrebbero essere usati per discutere questioni di genere, razza o colonialismo; o a volte, le illustrazioni nei film Disney animati a volte hanno immagini sessualizzate.

In alternativa, cartoni animati come 'I Simpson' o 'Beavis and Butthead' potrebbero servire a ricordarci che l'infanzia non è così 'sanitizzata' come quello che vogliamo che sia. Le discussioni su queste forme di intrattenimento (più mainstream) possono aiutarci a comprendere (meno mainstream) forme musicali (tra cui heavy metal, punk, rap o qualcosa di simile).

Un altro esempio saliente di intrattenimento di cui godono i giovani sono i videogiochi : portano alla violenza (o fanno sì che i tuoi figli o i tuoi cari siano "sfruttati" online)?

Un altro esempio è su The Point TV di Gerald Pauschmann (2018), questo esempio è un giovane uomo (nome online - Mr Dead Moth, vero nome Luke Munday) che stava giocando a Fortnight (un videogioco online molto popolare) e sua moglie lo ha chiamato al tavolo e mangiare la cena. Il giovane (Luca) voleva finire il suo gioco e la moglie incinta (Grazia) si arrabbiò con lui per non essere uscito subito. Si è arrabbiato di nuovo e la lotta è diventata fisica e non è finita bene per entrambe le parti (Pauschmann, 2018) - quindi chi era in colpa? Luke, che si è scagliato contro una donna incinta mentre trasmetteva in diretta un video, o Grace, che gli ha lanciato oggetti finché non si è scagliato contro di lui? O è stata colpa del video-gioco?

DAI GENITORI DEGLI APPASSIONATI DI MUSICA

Sii un buon sostenitore dei tuoi figli e cerca di sostenerli quando e dove puoi. La madre di Sophie Lancaster, Sylvia, ha sostenuto che le leggi siano cambiate per includere "Alterofobia" da classificare come forma di pregiudizio e che la violenza contro persone di una sottocultura sia classificata come crimine d'odio (Travers, 2017). Inoltre, ha anche istituito una fondazione per la sua defunta figlia (Sophie Lancaster Foundation, 2017b), che è diventata un ente di beneficenza registrato nel 2009 (Registered Charity Number 1129689)

Gli obiettivi e gli obiettivi della Carità erano di (Sophie Lancaster Foundation, 2017a):

- Per creare un'eredità per Sophie.
- Fornire opere di gruppo educativo che fideranno il pregiudizio e l'intolleranza nei confronti delle persone provenienti da sottoculture alternative.
- Per fare in modo che la legislazione britannica sul crimine d'odio si avami per includere persone provenienti da sottoculture alternative o stile di vita

e abbigliamento.

Il lavoro di Sylvia aveva dato i suoi frutti: la sua campagna per estendere la legislazione britannica sul crimine d'odio (per includere persone come sua figlia) si è concretizzata nel 2013, quando la Greater Manchester Police è diventata la prima a monitorare e registrare crimini d'odio e incidenti contro persone provenienti da sottoculture alternative. Diverse altre autorità di polizia nel Regno Unito hanno seguito l'esempio. E nel 2014 ha vinto un OBE per "Community Cohesion - Especially in Reduction of Hate Crime" (che le è stato consegnato dal principe Carlo (op cite). Ci sono molte altre cose per cui era stata onorata e più genitori come lei (i cui figli erano morti a causa del bullismo) dovrebbero intensificarsi e sostenere a loro favore e (soprattutto) la loro eredità.

Speriamo che non tutti i fan di Metal (o chiunque altro da una particolare sottocultura) incontrino necessariamente lo stesso destino della signora Lancaster, ma indipendentemente da quali interessi la tua prole condividesse (o non condivimetterle) con te, ricorda che un giorno saranno vecchi e che tiglierai essere trattato con lo stesso rispetto che ti aspetteresti da loro. Dopo tutto, potrebbero scegliere la vostra casa di cura negli anni a venire.

E insegni anche agli altri come trattarti - è importante non abusare o trascurare i tuoi figli da una parte, ma dall'altra, non lasciare che ti abusino. Ricorda, sei prima un genitore e fino a quando non invecchiano e iniziano ad assumersi maggiori responsabilità, è importante impostare regole e confini - far loro sapere cosa è e cosa non è accettabile nella tua famiglia. Non lasciate che sia come quegli adolescenti e bambini che appaiono sul dottor Phil - dovrebbero essere più 'paura' di voi di quello che siete di loro.

Poi, quando sono abbastanza grandi per assumersi le responsabilità degli adulti (come pagare le bollette o fare più faccende domestiche, allora sono abbastanza grandi per godere di più diritti (come uscire, guadagnare più soldi e uscire con chi piace).

CONSIGLI PERACCADEMICI, RESPONSABILI POLITICI, AZIENDE E FUNZIONARI GOVERNATIVI

I Giovani Di Oggi, Gli Elettori Di Domani, I Consumatori E I Leader?

Ecco i cinque motivi principali per cui i giovani credevano di essere vittime di bullismo secondo un rapporto del 2018 dell'organizzazione benefica britannica "Ditch the Label" (a pagina 14):

- Atteggiamenti verso l'aspetto fisico – 57%
- Atteggiamenti nei confronti dei propri hobby o interessi – 40%
- Atteggiamenti nei confronti dei vestiti che si indossano – 24%
- Quando la gente pensa che uno è gay o lesbico anche se non lo sono – 20%
- Atteggiamenti nei confronti dei modismi – 19%

Questi risultati sono molto eloquenti - sono i motivi più comuni per cui si viene vittime di bullismo, infatti, più comuni di: atteggiamenti verso la propria identità di genere (6%) era la ragione meno comune citata per essere vittima di bullismo; atteggiamenti nei confronti della propria religione (7%) è venuto in come la seconda ragione più bassa, e la sua mentre gli atteggiamenti nei confronti della cultura, della razza, della sessualità e dell'alto reddito familiare sono arrivati tutti al 9%.

Anche gli atteggiamenti nei confronti dei primi cinque fattori (aspetto, interessi, senso dell'abbigliamento, aspetto "gay" o manierismi) hanno superato i seguenti tratti di individui mirati: alti voti a scuola (18%), voti bassi a scuola (14%), una disabilità che si può avere (11%), e provenienti da una famiglia con un basso reddito familiare (10%).

E a pagina 25, il rapporto afferma i cinque motivi principali per cui i giovani potrebbero bullizzare gli altri: se lo meritavano (56%); Non mi piacciono (55%); È divertente (34%); Mi aiuta ad affrontare lo stress /ira (32%); Non sono felice (24%); Per far ridere i miei amici (24%); Perché sono vittima di bullismo (21%); Sono un bersaglio facile (21%); Per spaventarli (20%); Per evitare che gli altri mi bullizzano (20%); Mi ha fatto sentire bene con me stesso (14%); Voglio quello che hanno (12%); e di essere notato da altri (11%).

Per gli intervistati che hanno dichiarato di non aver piaso come la loro ragione principale, le loro ragioni erano le seguenti: il 66% ha detto "sono fastidiosi", il 56% ha detto "mi preoccupano"; Il 38% ha detto "sono strani", il 34% ha detto "sono brutti"; Il 27% ha detto "hanno preso su di me quando ero più giovane"; Il 26% ha detto "non mi piace nessuno nel loro gruppo" e il 14% ha detto "hanno qualcosa che voglio".

E dei motivi per cui gli intervistati hanno trovato qualcuno un "bersaglio facile", Il 66% ha detto "nessuno": "troppo piccolo", il 62% ha detto di essere "piuttosto timido" o nervoso, il 62% ha pensato che fosse a causa del loro aspetto, il 59% ha detto "non avevano amici", il 55% ha detto di essere "troppo piccolo", il 48% ha detto di essere una "minoranza" a scuola o all'università, il 48% ha detto "non reagisce" e (abbastanza interessante) il 28% ha detto "sono popolari".

Questi risultati non dicono esattamente cosa si tratta del proprio aspetto fisico che gli altri potrebbero non piacerti, quali hobby e interessi hanno che gli altri potrebbero non condividere, o quali vestiti si indossano che non si è impressionati, ma presta qualche intuizione sulle dinamiche di gruppo, in particolare durante le scuole medie e superiori, e in particolare intorno ad alcuni degli interessi che i membri della cricca condividono tra loro. Può anche dare una visione di ciò che si tratta di qualcuno al di fuori del loro gruppo che è 'strano', o 'brutto' o che tipo di comportamenti gli individui mirati potrebbero mostrare che potrebbero attirare alcune reazioni 'negative' da qualcun altro.

In altre parole, quali sono le caratteristiche "fuori gruppo" che le persone mirate e/o socialmente isolate condividono. O al contrario, se qualcuno vittima di bullismo sembra essere popolare o ha qualcosa che il bullo vuole, potrebbe essere gelosia? Quindi, questo mi porta ad un'altra sezione di questo capitolo – consigli sia per gli in-groups che per quelli meno mirati?

Quali Possono Imparare Gli Altri Gruppi E Le Sotto Culture Alternative Più"Popolari"O Tradizionali?

Per esempio, cosa potrebbero imparare i diversi gruppi di adolescenti l'uno dall'altro – che si tratti delle teste metalliche dei non-Metallers, dei gay etero, dei goti da non-goth e viceversa? Cosa si può fare per essere un po 'meno strano o 'brutto' o fare per suscitare meno reazioni negative da parte degli altri? Per esempio, non fare cose che altre persone potrebbero trovare fastidioso - come cambiare le proprie abitudini personali in modo che non si potrebbe lordo altre persone fuori (esempi includono mantenere se stessi puliti e sbarazzarsi di dire, odore del corpo o alitosi). Se si potrebbe avere l'acne o essere in sovrappeso, fare qualcosa al riguardo potrebbe essere un inizio. Oppure si potrebbe lavorare sulla timidezza o sull'assertività,

Detto questo, però, non si tratta di "colpa delle vittime", ma più di un caso di riduzione della probabilità di essere vittima o mirato, dando al bullo meno scuse per "prendere" i loro obiettivi.

Oppure, se sono popolari, assicurati che guadagnino il rispetto degli altri e non lo sfregamento con i tuoi coetanei meno popolari (so quando non sono popolare o di successo, l'ho disprezzato quando qualcuno si vantava di quanti amici hanno, o quando qualcuno ha continuato e avanti su come avevo bisogno di cambiare me stesso, senza in realtà darmi alcun indizio su come andare su di esso).

In ogni caso, potrei andare avanti e avanti, ma potrei lasciarlo lì, e spero che tutti abbiano apprezzato questo libro tanto quanto mi è piaciuto scriverlo.

Cin cin

Colleen

APPENDICI

APPENDICE 1 – SEMPLICE INDAGINE SUI METALLI

Di Colleen Sedgwick, BA Hons, Sociologia 401 H, Studente no XXXXXXX

A tutti i membri di The Power and the Glory (e a tutti gli altri gruppi Yahoo in cui posso essere),

Per chi non lo sa, sto facendo i miei onori per la sociologia e sto raccogliendo informazioni per l'argomento che intendo fare la mia tesi per il prossimo anno.

Fondamentalmente, l'argomento della tesi è che gli appassionati di musica pesante hanno maggiori probabilità di essere stigmatizzati, discriminati, molestati ecc. rispetto a quelli che non si trovano nella musica pesante. Metterò l'accento sull'heavy metal (soprattutto delle varietà più 'estreme', come la morte, il nero o il thrash metal) e sugli australiani. Ma, se ci sono persone dall'estero che vogliono partecipare, o forse gli piace qualcosa di pesante, che non è metal (come punk) non li escludono (io li uso per lo più come un confronto).

Le cose principali che voglio sapere sono:

- Cos'è successo? (Indicare tutti gli incidenti che si desidera).
- Con quale frequenza si verificano que-

sti incidenti (in particolare indicare se è più probabile che accada se si indossano abiti "di metallo")?
- Perché pensi che succeda?
- Chi ti ha dato il flack durante l'incidente?
- Chi è più probabile che ti dia un momento difficile (se indossa abiti 'metallo') ad esempio la famiglia, i vicini, le persone religiose, i ragazzi di casa?
- In che modo hanno influenzato te (o no)?
- Se ti hanno colpito, perché (o perché no)?

Un'altra cosa che posso volere anche, se qualcuno conosce qualsiasi non-Metallers soprattutto se odiano il metallo (può essere un membro della famiglia, vicino, collega di lavoro – a condizione che siano a posto su di esso), chiedere loro che cosa non piace della musica.

Se puoi, spargere la voce. Se qualcuno vuole rispondere a queste domande, può copiare e incollare le domande su un'e-mail vuota, scrivere sia il loro nome che le parole "metal survey" nella riga **dell'oggetto**e inviarle a metalchic2@bigpond.com.au. Se qualcuno ha una sezione 'notizie' sul loro sito web Yahoo gruppo che potrebbero essere interessati a pubblicarlo.

Comunque, spero di sentirti presto.

Cin cin

Colleen

APPENDICE 2 – INDAGINE SULLE ESPERIENZE SUBCULTURALI

Di Colleen Sedgwick, BA Hons, Sociologia

Alle persone là fuori che credono di essere giudicate ingiustamente a causa del loro aspetto,

Ho appena completato la mia tesi sui contenuti lirici e gli effetti dell'aspettativa dei fan di Heavy Metal e Rap, che comporta anche un'analisi dettagliata dei tipi di contenuti lirici, come temi e riferimenti.

Spero di continuare questa ricerca, chiedendo come le persone sono giudicate dalle loro apparizioni personali e dal tipo di musica che amano. Esempi di generi musicali che sono comunemente giudicati (o giudicati male) includono Heavy Metal, Rap, Punk/hardcore, Grunge, Indie, Techno e Reggae/ska/dub. Se ti piacciono questi tipi di musica e senti di essere giudicato male, non sentirti libero di rispondere a queste domande. Oppure, in alternativa, se non ti piacciono questi, o ti piace qualcos'altro, non sentirti comunque libero di rispondere al sondaggio.

Le cose principali che voglio sapere sono:

- Cos'è successo? (Indicare tutti gli incidenti che si desidera).
- Con quale frequenza si verificano questi incidenti (in particolare indicare se

sono più probabili se si indossano determinati stili di vestiti)?
- Perché pensi che succeda?
- Chi ti ha dato il flack durante l'incidente?
- Chi è più probabile che ti dia un momento difficile su ciò che indossi o ascolti?
- Gli incidenti ti hanno influenzato? Perché (o perché no)?

Un'altra cosa che posso volere anche, se qualcuno conosce qualsiasi non-Metallers soprattutto se odiano il metallo (può essere un membro della famiglia, vicino, collega di lavoro – a condizione che siano a posto su di esso), chiedere loro che cosa non piace della musica.

Se puoi, spargere la voce. Se qualcuno vuole rispondere a queste domande, può copiare e incollare le domande su un'e-mail vuota, scrivere sia il loro nome che le parole "indagine di metallo" o "sondaggio musicale" nella riga **dell'oggetto**e inviarle a csedgwick67@outlook.com.au. Se qualcuno ha una sezione 'notizie' sul loro sito web o forum di discussione, potrebbero essere interessati a pubblicarlo.

Comunque, spero di sentirti presto.

Cin cin

Colleen

COLLEEN SEDGWICK

APPENDICE 3 – ELENCO TRACCE PER BRANI RAP

...Artist	...Titolo
2 Equipaggio dal vivo	2 Festa dal vivo
2 Equipaggio dal vivo	Quando avremo le zanoni
50 Cent	Solo un po'
50 Cent	Wanksta
Afrika Bambaata	Nazione zulu Buttare giù
Akon	Bloccato
Piselli dagli occhi neri	Le mie gobbe
2 Equipaggio dal vivo	Hoochie Mama
2 Equipaggio dal vivo	Pop che figa
2 Pac	Io contro il mondo
50 Cent	21 Domande
50 Cent	Papponi
50 Cent	A tutti i miei Niggaz

Afrika Bambaata	Sensazione Jazzy
Afrika Bambaata	Roccia del Pianeta
Akon	Danzatore del ventre
Akon	Ghetto
Akon	Solitario
Piselli dagli occhi neri	Ehi, mamma,
Piselli dagli occhi neri	Zitto
Coolio	Il paradiso di Gangsta
D12	Come mai
D12	La mia banda
Eminem	Azienda
Eminem	Pulizia del mio armadio
Eminem	Basta perderlo
Eminem	tordo americano
Eminem	Stan
Eminem	America Bianca
Grande Maestro Flash	Prendi il tuo
Grande Maestro	Qualcuno

Flash	
Grande Maestro Flash	Ascelle
Khia	Geloso
Khia	Il mio collo, la mia schiena
Khia	Ricordati di me
Khia	Tu la mia ragazza
Missy Elliot	Sono davvero caldo
Missy Elliot	È una puttana
Missy Elliot	Lavoralo
Nelly	N'Dey Dire
Pharrell Williams	Posso avere così?
Nemico pubblico	Porta il rumore
Nemico pubblico	Combatti i poteri
Rabbia contro la macchina	Uccidere in nome di
Salt'N'Pepa	Parliamo di sesso
Salt'N'Pepa	Spingilo
Cane Snoop	Drop It Like It's Hot
Cane Snoop	Segni

Wu Tang Clan	Wu Tang Ain't Niente Tha F Wit

Fonte: **www.ohhla.com** – Original Hip Hop Lyrics Archive

APPENDICE 4 – ELENCO TRACCE PER CANZONI METALLICHE

...Unrtist	...Titolo
AC-DC	Autostrada per l'inferno
AC-DC	Prowler notturno
Danzig	Die My Darling
Fede non più	Re per un giorno
Guns'n'Roses	Indietro cagna
Guns'n'Roses	Uno su un milione
Foro	Pelle di celebrità
Fanciulla di ferro	22 Viale dell'Acacia
Fanciulla di ferro	Charlotte l'Harlot
Fanciulla di ferro	Numero della Bestia
Sacerdote di Giuda	Oltre i regni della morte
Led Zeppelin	Scala verso il cielo
Manowar	Re del Metallo
Marilyn Manson	Spettacolo di droga

Marilyn Manson	Prendi la tua pistola
Marilyn Manson	Non mi piace la droga
Marilyn Manson	Lunchbox
Marilyn Manson	Scena della mafia
Marilyn Manson	Le belle persone
Marilyn Manson	Questa è la nuova merda
Marilyn Manson	Laccio emostatico
Metallica	Dissolvenza in nero
Metallica	Carburante
Metallica	L'imperdonato
Metallica	L'Imperdonato II
Metallica	Girare la pagina
Motley Crue	Dr Feelgood
Ozzy Osborne	Soluzione per il suicidio
Pearl Jam	Jeremy
Prodigio	La loro legge
S.O. D	Fanculo il Medio Oriente
S.O. D	Pre-Menstrual Princess Blues
S.O. D	Parla inglese o muori

Pistole Sesso	Corpi
Cacciatrice	213'
L'oscurità	Distono le mani dalla mia donna
Lizzy sottile	Chinatown
Lizzy sottile	Killer a piede libero
Strumento	Prigione Sesso
Strumento	Risacca
Stryper	Mi fa venire voglia di cantare
Stryper	Soldati sotto il comando
Sorella contorta	Rimanere affamati
Sorella contorta	Non lo prenderemo
Reich Sacro	Di chi è la colpa?
Reich Sacro	Crimini contro l'umanità
Vendetta In aumento	Sacrificio umano
Vendetta In aumento	Bruciare
Morte al Napalm	Soffrire i bambini
W.A.S. P	Cazzo come una bestia

Fonte: www.DarkLyrics.com –

Heavy Metal Lyrics Archive

REFERENCES

Albrechtsen, J, Den Boer, A, Hoff Sommers, C e O'Neill, (2015): ANNUAL BIG IDEAS FORUM - Perché "Grievance Feminism" è una minaccia per gravi questioni femministe e umanitarie, nel Centro per gli studi indipendenti, **http://www.cis.org.au/app/uploads/2015/10/Speech-150824.pdf**

Anselmo, P (2016), 'Philip Anselmo Apology Full (Pantera) After "White Power" in Rock Velvet (YouTube Channel) **https://youtu.be/0CG8NF4DtRU;**; Pubblicato il 30 gennaio 2016

Angry Foreigner (2018): Kanye West & The Politics of Hip-Hop – su YouTube **https://www.youtube.com/watch?v=qECAE8tSiMc**

Australian Record Industry Association (2001): 1996-2001 Listing; **http://www.aria.com.au/pages/documents/1996-2001.pdf**

Australian Record Industry Association (2003): "ARIA e AMRA Recorded Music Labelling Code of Practice – Marzo 2003", pagine 3-5; **http://www.aria.com.au/pages/documents/**

ARIAAMRACode_March2003_Final.pdf

Australian Record Industry Association (2003): 2001-2003 Listing; **http://www.aria.com.au/pages/documents/2001-2003.pdf**

Australian Record Industry Association (2019): Cosa facciamo; **http://www.aria.com.au/pages/what-we-do.htm**

Baddely, Gavin (2002), 'Goth Chic: A Connoisseur's Guide to Dark Culture', pagine 162-173, 174-7, 184 e 245-272

Ballard, M.E., Dodson, A.R., e Bazzini, D.G. (1999): Genere di musica e contenuto lirico – Expectation Effects' nel Journal of Genetic Psychology, dicembre 1999, Volume 160, Numero 4, pagina 476(1)

Bashe, P (1985), 'Heavy Metal Thunder', Omnibus Press, Londra, Regno Unito, pp. 5-7, 144-6, 191

Bennett, T, Emmison, M, e Frau, J (1999), 'Accounting for Tastes - Australian Everyday Cultures', Cambridge University Press; pagine 5, 171-200

Boeglin, N, T (2000): "La correlazione tra le preferenze musicali delle persone e le loro percezioni del ruolo sessuale" nella Missouri Western State University, **http://clearinghouse.missouriwestern.edu/manuscripts/214.asp**

Bradley, M (2003): 'A Fine Line Between Pleasure and Pain', in **http://groups.yahoo.com/group/**

HeavyMetalHeaven,, accessibile il 31 maggio 2003; originariamente in Journal of Personality and Social Psychology, Volume 84, Numero 5

Chirazi, S (1991): 'Il diavolo mi ha fatto fare' in Hot Metal, Numero 27, maggio 1991, pagine 32-4

Christe, I (2004): 'Sound of the Beast: The complete head banging history of heavy metal', pagine 121, 125, 259-260, pagine 262-3, 276-289, 291-3, 295-7. 263-5

Collerson, N (1992), 'Heavy Metal Turnout' in Telegraph Mirror, 21 aprile 1992

Community Broadcasting Association of Australia (2019): Informazioni su CBAA, CBAA.org, **https://www.cbaa.org.au/about**

Community Broadcasting Association of Australia (2019): Trova una stazione, in CBAA.org, **https://www.cbaa.org.au/ station#zoom=4&lat=-26.82407&lon= 134.20898&layers=BT**

Community Broadcasting Association of Australia (2019): Per i musicisti, CBAA.org, **https:// www.cbaa.org.au/musicians**

Community Broadcasting Association of Australia (2019): Programmazione musicale, in CBAA.org, **https://www.cbaa.org.au/music-programming**

Corrigan, P (2004), 'The Sociology of Consumption', Sage Publications, Londra, Regno Unito; pagine 17, 28, 32

Crowder, S, Hoff-Summers, C, e Yiannopoulos, M (2016): The Triggering – Has Political Correctness Gone Too Far?, Milo Yiannopoulos, Steven Crowder and Christina Hoff Sommers presso UMass (Università del **Massachusetts);**nel canale YouTube di Milo Yiannopoulos, https://www.youtube.com/watch?v=yCcp36n2cDg ; **datato**25 aprile 2016. 'Misoginia internata' è menzionato a 1:01:57

Dark Lyrics (2005), Heavy Metal Lyrics, **www.DarkLyrics.com**

Dawes, L (2013): Why Can't Black Kid Play Heavy Metal, in The Root, **https://www.theroot.com/ why-cant-black-kids-play-heavy-metal-1790897062**

Deyhle, D (1998), 'From Break Dancing to Heavy Metal', Youth and Society, settembre 1998, Volume 30, Numero 1, pagina 3 (8)

Fosso l'etichetta (2018): L'ANNUAL BULLYING SURVEY 2018. IL PARAMETRO ANNUALE DEL BULLISMO NEL REGNO UNITO; Pubblicato per la prima volta nel giugno 2018 da Ditch the Label, **https://DitchtheLabel.org**: pagine 14, 25.

Dixon, T.L., & Linz, D.G: Legge sull'oscenità e musica rap sessualmente esplicita: Comprendere gli effetti del sesso, dell'atteggiamento e delle credenze, in The Journal of Applied Communication Research, agosto 1997, volume 25, Numero 3, pagina 217

Duffy, J (2018): Ha fatto la risata #MeToo pensare che "Baby its cold outside" sia "rapey", su Twitter; **https://twitter.com/JimTDuffy/ status/1068685990041198592?**

Ebert, Roger (2006) 'Hip Hop Music', aggiornato 4.28 am, 2 giugno 2006; in **http:// en.wikipedia.org/wiki/Hip_hop_music**

Fox, R, L (2004), 'Hip Hop's Bad Rap: Effects of French Language Rap Music on French Canadian Teens Studied', in Psychology Today, Settembre-Ottobre 2004, Volume 37, Numero 5, pagina 32

Fried, C, B (2003), 'Stereotypes of Music Fans: Are Rap and Heavy Metal Fans a Danger to Themselves or Others?' In Journal of Media Psychology, Volume 8, Numero 3, Autunno 2003

fuel10988 (2013): BRUTAL BREAKDOWN - Sbloccare la verità; su YouTube, **https:// www.youtube.com/watch?v=F2Q1qBNrlXo**; pubblicato il 20 aprile 2013.

Goldstein, T (? 1987): 'Grandi palle di fuoco e brimstone – Stryper spiega tutto per te' a Creem, pp 13-4

Hall, M (1997): 'Death Metal Pride' in Rolling Stone, Numero 531, gennaio 1997, pagine 50-3

Hall, P, D (1998): 'La relazione tra i tipi di musica rap e memoria nei bambini afroamericani' in Journal of Black Studies, luglio 1998, Volume 28, Numero 6, pagina 802 (13)

Hamilton, C (2004), 'Aggressive Music Festival', **a http://groups.yahoo.com/group/ metalheads_soapbox,**accessibile il 23 maggio 2004; fonte originale – Capital News 9 (Albany, New York)

Hendrickson, M (1997), 'Revolution Rock - Rage Against the Machine' a Rolling Stone, 4 settembre 1997; pagina 40

Henot, J, S (2009) guarda a nord sui goti!!! del 5 giugno 2009 In Facebook Video **https:// www.facebook.com/james.henot/ videos/194393410206/**

Holland, Bill (1996): 'Campagna anti rap per essere diretta a cinque grandi etichette discografiche', a Billboard.com, **www.billboard.com**, Volume 108, No 23, giugno 1996, pp8-10

Hunter-Tilney, L (2018): La ricomparsa del pop suprematista bianco, sul Financial Times, **https:// www.ft.com/content/68033ace-9732-11e8- b747-fb1e803ee64e**

Jones, B (1986), 'Depressione e l'antico zen del Punk positivo', a Juke, 8 novembre 1986 (pagina sconosciuta)

Keating, M (1992), 'Heavy Metal Turnout' in Telegraph Mirror, 21 aprile 1992; numero di pagina sconosciuto

Keymo Embryo (2016): Eddie Trunk intervista Philip Anselmo DECEMBER 15, 2016, **https://www.youtube.com/watch?v=GhTVj_OfSfc**; Pubblicato il 22 dicembre 2016

Kirche, M, & Stein, L: 'Judas Priest – Five Horsemen of Apocalyptic Rock' in Faces, 1984, pagina 305

Konow, D (2002), 'Bang Your Head: The Rise and Fall of Heavy Metal', Three Rivers Press, NYC, NY, USA; pagine 41-2, 81, 108, 118-9, 120, 136-7, 148-9, 194-5, 218-221, 227-8, 260-1, 263-5, 285, 346-7

Krgin, B (1991): 'Slayer - The Drummer Speaks', in Metal Maniacs, Volume35, Numero 5, Agosto 1991; pagine 10-11.

La Corso, E.; Claes, M., Villeneuvre, M. (2001): 'Heavy Metal Music and Adolescent Suicidal Risk', Journal of Youth and Adolescence, giugno 2001, Volume 30, Numero 3, pagina 321

Levitan, D.J. (2006): Questo è il tuo cervello sulla musica; Penguin Random House, New York; pagine - all'interno della pagina, pagine 240-3

Machine Head (2016): Phil Anselmo urla "potere bianco", e il silenzio è assordante; su YouTube, **https://www.youtube.com/watch?**

v=fCBKzWg4WYo; Pubblicato il 29 gennaio 2016

Mason, D (1992): 'Putting the Young on Their Mettle' in Telegraph Mirror, 22 aprile 1992, numero di pagina sconosciuto

McIver, J (2005), 'Behind the Crooked Cross' (Intervista con Impaled Nazarene), Metal Hammer, Edizione 143, settembre 2005; pagine 128, 130.

McMahon, A (2018), Sono i testi di Baby, It's Cold Outside ora troppo inappropriato per la radio? pubblicato il 3 dicembre 2018, su ABC News, **https://www.abc.net.au/news/2018-12-03/is-baby,-its-cold-outside-appropriate-in-this-metoo-era/10576112**

McNamara, L e Ballard, M (1999): "Resting Arousal, Sensation-seeking and Music Preferences" in Genetic, Social and General Psychology Monographs, 125.3 (agosto 1999); p220

Meldrum, M (1980), 'Kissettes Are Coming' in Humdrum di Meldrum – TV Week, pagina sconosciuta

Metalleux21 (2008): Phil Anselmo tiene un discorso di orgoglio bianco Parte 1/2 – il video risale al 1995, su YouTube, https://www.youtube.com/watch?v=cxQk3DC3gL0&bpctr=1549957305; Pubblicato il 10 agosto 2008

Minton, S. J. (2012). Bullismo alterofobico e aggressione pro-conformista in un'indagine condotta tra studenti delle scuole secondarie superiori in Irlanda. Giornale di aggressione, conflitto e ricerca di pace, 4(2): 86–96.

Minton, S. J. (2016): Alterofobia e crimine d'odio Conference Paper (PDF Disponibile) Conferenza di maggio 2016: The Politics of Hate: Community, Societal and Global Responses, 2a Conferenza Biennale della Rete Internazionale per gli Studi dell'Odio., Presso l'Università di Limerick. **https://www.researchgate.net/ publication/303790574_Alterophobia_and_hate_crime**

Moorer, K (1987): 'Killing off the Kennedys' a Ram, 14 gennaio 1987, pagina 27

Original Hip Hop Lyrics Archive (2005): Testi rap, **www.ohhla.com**

Pauschmann, G (2018): Il giocatore viene arrestato, ma ecco i fatti, pubblicati il 17 dicembre 2018, per The Point TV, YouTube **https:// www.youtube.com/watch?v=VZ3A6uNiPHQ&t=156s**

Persaud, R (2004), 'Teenage Victims of the Heavy Stuff' in Times Educational Supplement, 11 giugno 2004, Vol 0, Numero 4587, pagina 20

R, C (2016): Phil Anselmo è un razzista! Rovine Dime bash 2016; su YouTube, **https:// www.youtube.com/watch?v=rVaUlXfvOHg**; Pubblicato il 27 gennaio 2016

Reuters to My Yahoo (2003), 'Court Jails "Satanist" Heavy Metal Fans', 7 marzo 2003, **in http:// groups.yahoo.com/group/europemetal**

Rick's Rants (2005), 'Music Doesn't Damage Us' in **http://www.deansplanet.com/ ricksrant_05.html;** accesso al 31 maggio 2005

Ruiz, A.X. (2016): Possiamo rock senza razzismo? Riconciliare Race come un POC che ama il heavy metal, pubblicato il 18 maggio 2016, in The Body is not an Apology, **https://thebodyisnotanapology.com/magazine/the-anselmo-problem-racism-in-heavy-metal-alex/;** accessibile12 febbraio 2019 alle 18:02:42

Sedgwick, C (2018a), La lotta per la libertà di parola, video di YouTube, condiviso in Blogger, **https:// endmetallophobia.blogspot.com/2018/02/the-fight-for-free-speech.html? zx=57d033eea1d88764**

Sedgwick, C (2018b), L'ultima, in Blogger, **https:// riseabovetherot.blogspot.com/2018/03/the-latest.html**

Smitherman, G (1997): 'La catena rimane la stessa: pratiche comunicative nella nazione hip-hop', nel Journal of Black Studies, settembre 1997, Volume 29, Numero 1, pagina 3 (23)

Snell, D, and Hodgetts, D (2004?): La Psicologia delle Comunità Metalniche Pesanti e Supremazia Bianca in **https://www.waikato.ac.nz/__data/**

assets/pdf_file/0010/149248/DaveSnell-DarrinHodgetts.pdf, recuperata domenica 10 febbraio 2019

Some Black Guy (2016): RE Racism in Metal, su YouTube, https://youtu.be/gx6NOElc7Zg, caricato 29 gennaio 2016

Sophie Lancaster Foundation (2017a): Su di noi, https://www.sophielancasterfoundation.com/index.php/about-us

Sophie Lancaster Foundation (2017b): Home page, https://www.sophielancasterfoundation.com/

St Lawrence, J.S., and Joyner, D.J. (1991): 'The Effects of Sexually Violent Rock Lyrics on Males' Acceptance of Violence against Women' in Psychology of Women Quarterly, marzo 1991, Volume 15, Numero 1, pagina 49

Stack, S. (1998): "Heavy Metal, Religiosity and Suicide Acceptability" in Suicide and Life-Threatening Behaviour, inverno 1998, Volume 28, Numero 4, pagina 388

Stack, S., Gundlach, J., Reeves, J.L. (1994): 'The Heavy Metal Subculture and Suicide' in Suicide and Life-Threatening Behaviour, Primavera 1994, Volume 24, Numero 1, pagina 15

Starbuck, I - (1995), 'The Atomic Shelter Interview', volantino

Sternheimer, K (2003), 'It's Not the Media: The Truth about Pop Culture's Influence on Children'; Libri di Perseo; pagine 6-7, 13-14, 25, 41, 127-8, 130, 137.140

TED Education (2018): Una breve storia di goti, in Facebook Video, **https://www.facebook.com/ TEDEducation/videos/2064621860217676/**

L'ufficio stampa del governo degli Stati Uniti, Washington (1985), Comitato per il commercio, la scienza e i trasporti; Senato degli Stati Uniti, 99o Congresso, 'Prima sessione sui contenuti della musica e il testo dei record; in **http:// www.joesapt.net/superlink/shrg99-529.html**

Took, K, J and Weiss, D, S (1994), 'The Relationship between Heavy Metal and Rap and Adolescent Turmoil: Real or Artefact? In Adolescenza, Volume 29, Numero 115, Autunno 1994; pagine 613-621

Travers, P (2017): 'Sophie Lancaster's Legacy', a Kerrang, **http://www.kerrang.com/features/ sophie-lancasters-legacy/**

Udo, T (2005), 'Deaf Jam: Official! Metal makes You Drive like a Nutter', in Metal Hammer, Edition 143, pagina 18

Autore sconosciuto, (1999), 'Chainmail' in Outsider, Volume 3, Numero 2, 1999, pagina 14

Watson, P. J. (2017a): Il conservatorismo è

la Nuova Controcultura, su YouTube, **https://youtu.be/s7FFkp3PMDA**. Pubblicato il 9 febbraio 2017.

Watson, P. J. (2017b): I pedofili governano il mondo, su YouTube: **https://youtu.be/o1GQehNcZZw**; pubblicato il 5 aprile 2017; Lydon arriva a circa 5 minuti e 50 secondi nella clip.

Watson, P. J. (2017c): Il populismo è il New Punk, su YouTube: **https://www.youtube.com/watch?v=KmEOM9TOIxU**; pubblicato il 27 marzo 2017; John Lydon parla della Brexit a 17 secondi dal video e di Donald Trump a 31 secondi.

Watson, P. J. (2017d): L'agenda reale dietro la censura di YouTube; in YouTube **https://www.youtube.com/watch?v=OS1Zf5MzhOU**

West Memphis 3 Web Master (2005a), 'Free the West Memphis 3' a **http://www.wm3.org**, accessibile il 31 maggio 2005

West Memphis 3 Web Master (2005b), 'Urban Legends and Scepticism' in **http://www.wm3.org/live/sp/document.php?type+4; http://www.wm3.org/live/sp/document.php?type+4&document_Id=20; "http://www.wm3.org/live/sp/document.php?document_Id document_Id type**, accessed 18th June 2005

BORDI DIACKNOWL

Voglio ringraziare le seguenti persone chiave che mi hanno aiutato nello sviluppo di questo scritto:

UNIVERSITÀ DEL NEW ENGLAND:

- Dr. Peter Corrigan: Scuola di Scienze Sociali - che mi ha supervisionato nella ricerca e nello sviluppo della mia tesi.
- Dr John Scott (PhD): School of Social Sciences – uno dei membri dello staff che ha contribuito a segnare la mia tesi.
- Dr David Goldsworthy: UNE Music – l'altro membro del personale che ha contribuito a segnare la mia tesi.

RYDE REGIONAL RADIO (2RRR SYDNEY, 88.5FM)

(voi mi avete ispirato a scrivere questa tesi):

- Sean Smith: conduttori di 'The Dead End on 2rrr' (dal 1998 al 2017).
- Mark Raphael: ospite di 'Smacked About by Mark' (dal 1997 al 2017).
- Alan Hotham: che ha sostituito i due quando hanno lasciato 2rrr.
- Neil Rochow: a.k.a. The Rock Man, che conoscevo dal 1996 e che mi ha ispirato a fare il Corso di Formazione Radio.
- Steve Murray: conduttore del 'Metal Show' e uno dei presentatori originali su 2rrr che ha dedicato il suo tempo di trasmissione al Metal.
- Mark Cushway: che ha fatto uno spettacolo intitolato Metallo per Gesù e mi ha mostrato che era possibile essere sia un Metalhead che un cristiano.
- Scott and Thomas: The Dark Hours – uno dei primi programmi 'extreme Metal' che ha funzionato tutta la notte il lunedì sera e finito 6:00 am la mattina seguente
- In precedenza, c'era The Witching Hours (dimentico i nomi di coloro che

hanno fatto questo spettacolo) - è andato anche fino a tarda notte.

Danny Kaleda: conduttore di Monday
Night Metal – uno spettacolo che è andato
per 3 ore dalle 7 alle 22. Lui e Mark erano
probabilmente i due padroni di casa più
longevi che hanno fatto spettacoli metal
su 2rrr.

USEFUL COLLEGA UNND RISORSE

AUSTRALIA

IL CONSIGLIO DI CLASSIFICAZIONE DEL GOVERNO AUSTRALIANO

- Indirizzo Web: **http://www.classification.gov.au/ Pages/Home.aspx**.

Questo organo statutario è sotto il Dipartimento della Comunicazione e delle Arti e il suo scopo è quello di prendere decisioni riguardanti film, videogiochi e pubblicazioni prima che possano essere legalmente resi disponibili al pubblico.

L'AUSTRALIAN RECORDING INDUSTRY ASSOCIATION

- Indirizzo Web: **http:// www.aria.com.au/home.htm**
- Indirizzo postale/via: Livello 4, 11-17 Buckingham Street, Surry Hills, Nuovo Galles del Sud, 2010

Secondo aria (2019), questo è quello che fanno:

Aria È Attiva In Molte Aree Chiave Del Musicin

- Agiamo come un sostenitore del settore,

sia a livello nazionale
che internazionale

- Sosteniamo la musica
australiana e creiamo
opportunità per aiu-
tarla a essere ascoltata

- Siamo un ruolo attivo
nella protezione del
diritto d'autore e nella
lotta contro la pirate-
ria musicale

- Raccogliamo infor-
mazioni statistiche da
membri e rivenditori
e snodiamo numerosi
grafici ARIA con dati
forniti da oltre 1000
rivenditori e servizi di
streaming musicale

- ARIA è un focus per
l'opinione del settore
e il compilatore di in-
formazioni e opinioni
del settore

- ARIA fornisce in
alcuni casi, una
funzione di licenza
di riproduzione per

conto dei suoi mem-
bri per vari utenti di
copyright

- 20008 l'annuale ARIA
Music Awards

- In collaborazione con
l'Australian Music
Retailers Association
(AMRA), sosteniamo
il Codice di Pratica
di Etichettatura
Musicale Registrata
volontaria

- ARIA è l'agenzia
nazionale australiana
International Stan-
dard Recording Code
(ISRC) e assegna i
codici paese e primo
proprietario ai mem-
bri per la codifica su
tutte le registrazioni
audio e audiovisi dalla
vista, come metodo di
identificazione

- Aiutiamo anche
coloro che nel settore
sono caduti in tempi

difficili, attraverso
il nostro sostegno a
Support Act Limited,
il fondo benevolo del
settore.

- Il nostro obiettivo
  primario è quello di
  promuovere gli in-
  teressi dell'industria
  discografica austra-
  liana garantendo che
  ARIA sia un'organiz-
  zazione coesa, efficace
  e rispettata.

Con il continuo sostegno e i membri delle casa discografiche locali, il successo di ARIA è garantito.
Slambiamo i talenti delle persone chiave del settore per ottenere il miglior risultato sulle questioni
del settore e sfidas.

Se sei interessato a diventare un membro ARIA,
visita la nostra sezione abbonamenti.

COMMUNITY BROADCASTING ASSOCIATION OF AUSTRALIA

Questo sito è il sito "vai a" per le stazioni radio
della comunità in tutta l'Australia. I link al sito
includono:

- Community Broadcasting Associa-

tion of Australia: **https://
www.cbaa.org.au/**
- Rete radio comunitaria: **https://
www.cbaa.org.au/crn**

Secondo il loro sito web (CBAA, 2019):

La trasmissione di Commun ityè una parte vitale del panorama dei media australiani. Gli oltre 450 service che trasmettono in tutta l'Australia svolgono un ruolo importante nel fornire una voce alle comunità che non sono adeguatamente servite da altri settori di radiodiffusione. Questi includono:

- *Australiani indigeni*

- *Comunità etniche*

- *Servizi educativi*

- *Comunità religiose*

- *Stampare le comunità disabili*

- *Musica, arte e servizi culturali*

- *Comunità giovanili e senior*

La rilevanza di questo testo è che puoi trovare qualsiasi stazione radio della comunità nella tua zona (CBAA, 2019) e sostengono specificamente i contenuti musicali australiani (CBAA, 2019).

RADIO REGIONALE RYDE

- Indirizzo Web: **http://2rrr.org.au/**
- Indirizzo postale: CASELLA postale 644 Gladesville NSW 1675
- Frequenza: 88,5 sul quadrante FM

Come ho notato in precedenza, sono stati l'unica stazione che mi ha davvero portato alla radio della comunità e mi ha presentato una serie di gruppi e generi "alternativi" metal e di altri. L'ho conosciuto per la prima volta nel 1986, quando ho saputo del "Metal Show" di Steve Murray.

REGNO UNITO

ABBANDONARE L'ETICHETTA:

Si tratta di un ente di beneficenza volto ad eliminare il bullismo (numero di beneficenza registrato 1156329). Il collegamento a questo sito è **https://www.ditchthelabel.org/**

CODICE DI REGISTRAZIONE STANDARD INTERNAZIONALE (ISRC)

- Indirizzo: IFPI - 7 Air St; Londra W1B

5 AD; Regno Unito
- E-mail: **isrc@ifpi.org**
- Numero di telefono: 44 (0)20 7878 7900
- Fax: 44 (0)20 7878 7950

FONDAZIONE SOPHIE LANCASTER:

Un'organizzazione benefica istituito per Sophie Lancaster non solo per onorare la sua eredità, ma anche per eliminare l'odio e l'intolleranza delle persone appartenenti a "sottoculture alternative", nonché per favorire l'inclusione di queste stesse persone, **https://sophielancasterfoundation.com/**

Questa fondazione ha anche una pagina Facebook (**https://www.facebook.com/thesophielancasterfoundation**) e una pagina Twitter (**https://twitter.com/sophie_charity**).

THE UNITED STATID'AMERICA

Recording Industry Association of America (RIAA)

- Indirizzo Web: **https://www.riaa.com/**
- Indirizzo postale: 1025 F Street, NW, 10th Floor, Washington DC, 20004

La RIAA è:

... l'organizzazione commerciale che sostiene e promuove la vitalità creativa e finanziaria delle principali aziende musicali. I suoi membri costituiscono l'industria discografica più vivace del mondo, investendo in grandi artisti per aiutarli a raggiungere il loro potenziale e connettersi con i loro fan. Quasi l'85% di tutta la musica registrata legittima prodotta e venduta negli Stati Uniti viene creata, prodotta o distribuita dai membri della RIAA.

La RIAA inoltre:

... opere per proteggere la proprietà intellettuale e i diritti del Primo Emendamento di artisti ed etichette musicali; condurre ricerche di consumo, industriali e tecniche; e monitorare e rivedere le leggi, i regolamenti e le politiche statali e federali. RIAA certifica anche i premi Gold®, Platinum®, Multi-Platinum™, Diamond e Los Premios De Oro y Platino™ vendite e streaming.

Sono anche la filiale statunitense per l'ISRC (International Standard Recording Code)

- Indirizzo postale: 1025 F Street, NW, 10th Floor, Washington DC, 20004 (Attn: Rappresentante dell'Agenzia ISRC degli Stati Uniti)
- Indirizzo Web: https://www.usisrc.org/
- E-mail: **ISRC@riaa.com**
- Telefono: 202.857.9626.
- Fax: 202.775.7253

PERCHÉ LA MUSICA È IMPORTANTE?

- Indirizzo Web: https://whymusicmatters.com/

Si tratta di una risorsa online per gli appassionati di musica (negli Stati Uniti) che li informa dei modelli digitali e dei servizi autorizzati per accedere alla musica online.

GIDDY-UP

CONTATTAMI

(Finché Non Sei Uno Stalker, Non Mi Dispiace)!!!

Io sono da molte piattaforme diverse per quanto riguarda internet e social media. Sono stato online praticamente fin dai vecchi giorni 'dot.com', aveva un sito web Geo-cities (DIY) nei primi anni 2000 ed era un membro di diversi gruppi Yahoo. Sono stato anche nel mio spazio per un po'. Tuttavia, al momento di scrivere, ri scrivere e pubblicare questo libro, mi sono unito a molte più "piattaforme" dei social media e ora ho diversi indirizzi web ed e-mail.

WEB ED E-MAIL

È possibile entrare in contatto tramite:

- Outlook: **csedgwick67@outlook.com.au**
- G-Mail: **colsedgo67@gmail.com**
- Indirizzo web ufficiale: **https://colsedgo67.wixsite.com/sedgieart**

SOCIAL MEDIA

Leggi e visualizza le mie ultime cose, e (se ti piace abbastanza) comprare il mio merchandising.

Adobe:

Le selezioni del mio lavoro sono disponibili attraverso questi siti.

- Portafoglio **Adobe:https://csedgwick67.myportfolio.com/**
- Behance: **https://www.behance.net/Sedgo1967**

Blogger:

Leggi i post del blog su questi siti e tieniti aggiornato con le ultime (e si spera di più grandi) opere in corso.

- Blog 1: Un pezzo della mia arte (Artwork by Yours Truly), **https://sedgieart.blogspot.com/**
- Blog 2: Alzati sopra il Rot, **https://riseabovetherot.blogspot.com/**

Blurb:

Acquista copie discodriche ed e-book delle mie pubblicazioni online, **http://au.blurb.com/user/SedgieArt**

Caffè Stampa:

Acquista merce attraverso questo sito - **http://www.cafepress.com.au/sedgieart**

Facebook:

Rimani aggiornato su una delle più grandi piattaforme di social media qui - **https://www.facebook.com/SedgieArt**

Instagram:

Un altro modo per rimanere aggiornati: **https://www.instagram.com/sedgwickcolleen67/**

Collegato In:

Cerchi un individuo molto poliedrico e poliedrico che sia in grado di lavorare come parte di un team? Beh, non cercateoltre, **https://www.linkedin.com/in/colleen-sedgwick-51a0315b/**

Patreon:

Sostenetemi qui: **https://www.patreon.com/SedgieArtOnPatreon**

Paga Pal:

È possibile acquistare roba, pagare per i servizi e sostenermi finanziariamentequi : **https://www.paypal.me/CSedgwick977**

Bolla Rossa:

È possibile acquistare più merce qui: **http://www.redbubble.com/people/sedgieart**

Youtube:

Guarda i miei video online qui: Colleen's Corner, **https://www.youtube.com/channel/UCAByI9gLxcXwspVnZu-z36A**

SPECIALE GRAZIE A:

I professori e docenti dell'UNE (Università del New England, Armidale, Nuovo Galles del Sud, Australia) che hanno supervisionato e segnato la mia tesi (tutti voi riceverete una menzione vicino alla parte posteriore di questo libro).

La mia famiglia e i miei compagni di classe della scuola.

Tutti i miei amici della comunità Heavy Metal qui in Australia, e in tutto il mondo.

I presentatori di Ryde Regional Radio (2RRR) a Sydney (che è 88.5 sul tuo quadrante FM) - in particolare quelli che hanno fatto spettacoli dedicati a Metal, Hard Rock e Punk.

Ami Certi Tipi Di Musica Che Non È La "Tazza Di Tè" Di Tutti?

Questo libro fornisce **uno sguardo** alla stigmatizzazione della scena Heavy Metal da varie prospettive sociologiche e psicologiche. Come si confronta con altri generi musicali, come il rap, per esempio? In che modo i fan creano un mondo sociale in base alle loro preferenze musicali? Si basa su come gli altri membri del pubblico li trattano? Ed è che il trattamento (basato sulla preferenza musicale) buono o cattivo?

Beh, solo tu puoi scoprire se metti la mano in tasca e mostrami il colore dei tuoi soldi (o in questo caso, prendi le tue carte di credito e/o vai a PayPal).

E se sei un fan di Heavy Metal, probabilmente sto predicando al 'convertito' qui, ma probabilmente si otterrà una buona risata fuori di esso. Idem, se ti piace il rap. Ma anche se non lo fai, forse sai (e Dio non voglia, amore) qualcuno che lo fa. Perché non comprare questo per loro come regalo? Probabilmente ti ameranno per questo.

Omeglio ancora, comprare il libro, venire al 'lato oscuro' e vedere di persona come e perché così tanti giovani hanno fatto conoscere e amare certi tipi di musica che potrebbero non piacerti (o addirittura aver sentito parlare). In entrambi i casi, spero che voi, l'amato cliente, godrete di questo fino in fondo.

Cin cin

Colleen

www.ingramcontent.com/pod-product-compliance
Lightning Source LLC
Chambersburg PA
CBHW051252250726
48656CB00004B/1249